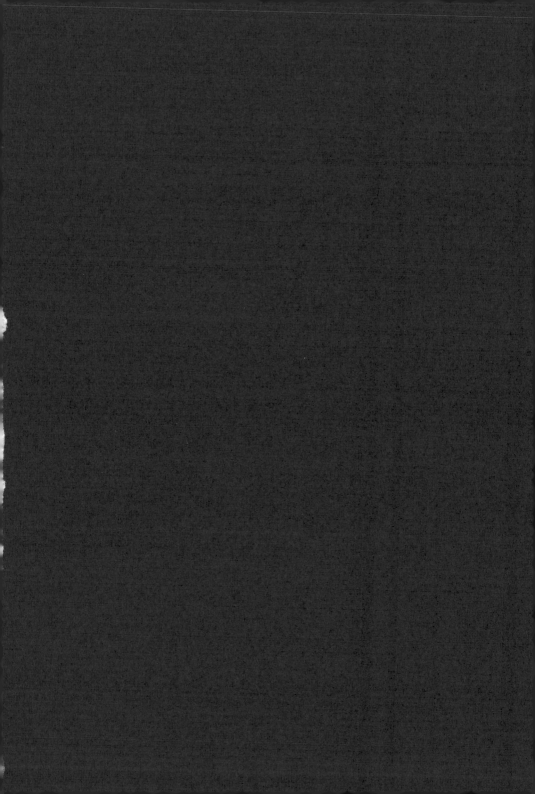

文化財としての「陵墓」と世界遺産

「陵墓限定公開」40周年記念シンポジウム

「陵墓限定公開」40周年記念シンポジウム実行委員会【編】

新泉社

はじめに

古墳や城郭などが歴代天皇や皇族の「陵墓」と重複することがあります。宮内庁では整備事業の実施に先立ち、「陵墓」の発掘調査をおこなっており、報道機関ならびに学・協会に現地公開する機会を設けています。しかし、日時・員数・範囲は厳しく制限されており、「限定公開」と言わざるを得ない現状です。

歴史学・考古学の学術研究団体で構成される「陵墓」関係一六学・協会は、「陵墓」も文化財であると位置づけ、公開を求める活動をおこなってきました。具体的には「陵墓」を管理する宮内庁との協議、宮内庁の許可の下での「限定公開」、立入り観察、立会見学の実施、また研究成果の報告や出版など、社会への情報発信にもとり組んできました。さらには、必要に応じて、宮内庁ほか文化庁やユネスコなどへの要望書の提出もおこなっています。ただし、行動に際しては各学・協会の意向を尊重し、そのつど団体名を連記する形式としています。

本書のもととなったシンポジウムは、「「陵墓限定公開」四〇周年記念シンポジウム 文化財としての「陵墓」と世界遺産」と題して、二〇一九年一二月二二日（日）に大阪歴史博物館講堂にて約二〇〇名の参加を得て開催されました。一九七九年一〇月に白髪山古墳で実施された

第一回「陵墓限定公開」から四〇周年を記念したものです。

午前に基調講演一本、講演一本、午後に報告五本、つづいて基調講演者と報告者、司会者によるディスカッションの構成でした。またシンポジウム開催前にはウェブ上に意見を求め、当日のディスカッションに反映させました。シンポジウム開催にむけては、一六学・協会のなかから改めて実行委員会を組織して、準備や配布資料の作成・印刷、運営、また本書の編集にあたることとなりました。

本書は、シンポジウムの内容をもとに第一部を基調講演・報告、第二部を討論、第三部を資料とする三部構成からなります。ただ当日の話者の都合により一部、変更が生じています。書籍化にあたっては、各話者が加筆修正をおこない、必要な図版を加えることとしました。

過去、「陵墓」関係の学・協会では、一九九八年に天理大学で陵墓限定公開二〇回記念シンポジウムを開催しました。陵墓問題が、考古学の古墳研究にとどまらず、近代日本の文化財のあり方を問うことでもあると、明確に指摘されました。内容は、陵墓限定公開二〇回記念シンポジウム実行委員会編『日本の古墳と天皇陵』（同成社、二〇〇〇）として刊行されています。

およそ一〇年後の二〇〇九年には、キャンパスプラザ京都および駒澤大学で「陵墓限定公開」三〇周年記念シンポジウムを開催しました。「陵墓」立入り観察の成果報告（佐紀陵山古墳・伏見城）、文化財の近代政策と「陵墓」の関係、埋蔵文化財としての「陵墓」の現状などが語られています。あわせて古市古墳群と百舌鳥古墳群の世界文化遺産登録（当時は、推薦のための暫定リストへの記載方針が発表された段階）が陵墓問題に与える影響についても議論が及びました。

内容は、「陵墓限定公開」三〇周年記念シンポジウム実行委員会編『「陵墓」を考える 陵墓公開運動の三〇年』（新泉社、二〇一二）として刊行されました。次いで、二〇一六年には神戸市勤労会館で、箸墓古墳と伏見城の立入り観察の成果報告と「陵墓」となる古墳等の名称をめぐる公開シンポジウムを開催しました。

そして、今回を迎えました。この間、「陵墓限定公開」（現在まで四〇回）、立入り観察（現在まで一三回）、ほかに立会見学を重ねてきましたが、大きな動きは二〇一九年七月六日、日本政府の推薦どおりユネスコによる世界文化遺産に「百舌鳥・古市古墳群」が登録されたことです。そのため今回のシンポジウムでは、改めてその構成資産の代表となる大山古墳を中心に学術的検討を加え、築造時期や被葬者また適正な名称に対する理解を深めることができました。さらには陵墓問題の今後を考えるうえでの新たな視点も多く語られました。

それでもなお課題は残り、その解消には困難がともなうでしょうが、本書の刊行から多くの学びが生まれ、今後、「陵墓」の公開へとつながることを願って止みません。

最後となりましたが、シンポジウムでの航空写真使用を快諾してくださった梅原章一氏、本書の図版掲載に承諾をいただいた機関や関係者、出版をお引き受けいただいた新泉社に深く感謝いたします。

二〇二一年三月

「陵墓限定公開」四〇周年記念シンポジウム実行委員会

文化財としての
「陵墓」と世界遺産

目次

はじめに　3

挨拶
「陵墓限定公開」四〇周年を迎えて
あらたな課題を生む世界遺産登録
――宮川　徏　15

Ⅰ　基調講演・報告

基調講演
「陵墓限定公開」四〇年と現状から考える
――今尾文昭　25
1　現代社会と「陵墓」　25
2　「陵墓限定公開」二〇年シンポジウムから　32
3　「陵墓限定公開」三〇年シンポジウムから　37
4　昭和天皇の陵墓行幸と科学　41
5　今後にむけて　64

●報告

大仙古墳は允恭（倭王済）墓である……73
──岸本直文
1 大仙古墳の墳丘と出土遺物 73
2 倭国王墓の二系列と古市・百舌鳥古墳群の築造順 79
3 大仙古墳の年代 83
4 大仙古墳の被葬者 86

副葬品からみた大山古墳……93
前方部石室出土の甲冑をめぐって
──滝沢 誠
1 大山古墳の副葬品 93
2 大山古墳前方部石室出土の甲冑 95
3 甲冑から探る大山古墳の年代 103

世界の墳墓と世界遺産……105
中久保辰夫
1 世界の墳墓・墳丘墓 108
2 墳丘研究の可能性と課題 118

調査手法の進展と「陵墓」情報の充実……123
新納 泉
1 国土地理院データの利用 123
2 大山古墳の設計原理 128
3 今後の調査手法 132

近代天皇制と「陵墓」……135
高木博志
1 なぜ天皇制は「万世一系」の陵墓の体系が必要なのか 135
2 世界遺産と「仁徳天皇陵古墳」 137

3　史実よりも神話や物語　140

II　討論

文化財としての「陵墓」と世界遺産……147
——司会　福島幸宏

III　資料……189

装幀　菊地幸子

文化財としての「陵墓」と世界遺産

【挨拶】

「陵墓限定公開」四〇周年を迎えて

あらたな課題を生む世界遺産登録

宮川　徏

百舌鳥・古市古墳群の世界遺産登録とあらたな陵墓問題

二〇一九年七月六日に「百舌鳥・古市古墳群」が世界遺産に登録されました。

今から四〇年前の一九七九年一〇月二六日、私がまだ四〇歳代の中頃のことですが、最初の第一回の限定公開の見学会に参加できました。その時は古市古墳群の白髪山《しらがやま》古墳（清寧陵）が限定公開され、これからは陵墓の制約も緩和されて古墳研究がもっと自由になるという期待感をもって参加したことが、つい昨日のことのように思い出されます。

しかし実際現場に行ってみると、白髪山古墳の外周りだけを見て歩くばかりで、古墳の周囲には主な要所に、参加した一一名の各学会参加者よりも多い、宮内庁書陵部の現場職員が張り付いていて、前方部の墳丘にとり付いた二カ所の渡り土手にも、書陵部の職員数名が立ち塞がるようにいて、「墳丘には絶対に足を踏み入れないでください」とガードしていました。こうした物々しい雰囲気のなかで最初の「陵墓限定公開」は始まりました。

その後も一〇年間は、墳丘の裾までにも入れないで、外周部分だけを見て回るだけの限定公開がつづきました。その状況も含めておよそ三〇年間の経過を次ページの表にまとめましたが、見学の中であった主なあらましは次のようなものでした。

①第一回から四回までは、写真撮影は禁止されていた。当時、学会からの参加は一学会につき一名であったので、学会への報告にも写真撮影は必要という学会側の要望で第五回からは写真撮影が認められた。ただし、調査遺構だけの写真の使用は禁じられ、見学者が写っているスナップを使うように要請された。

②第四回の誉田御廟山古墳の限定公開の際、黒板にチョークで外堤の調査箇所の位置を描いた略図が提示された。それまでは口頭で現場の状況の説明があるだけで、現地説明用の資料配布もなかった。書陵部から現場の状況を開示され、資料提供された最初であった。

③第一回から六回まで古市陵墓監区の見学では、陵墓への参拝を求められることはなく見学が始められたが、畝傍陵墓監区に移った第七回佐紀《さき》陵山《みささぎやま》古墳（日葉酢媛陵）では、見学前の参拝が要請され現場は緊張した。見学者は神武陵を所管する畝傍陵墓監区の〝硬質さ〟を肌で感じた。幹事学会の日本考古学協会の代表が「代表参拝」することでその場が収拾され、翌年書陵部との

陵墓限定公開の経過表

1979年	第１回	10.26	白髪山古墳（清寧陵）	○
1980	第２回	9.17	田出井山古墳（反正陵）	○
1981	第３回	10.23	軽里前之山古墳（白鳥陵）	○
1982	第４回	9.11	誉田（御廟）山古墳（応神陵）	○
1983	第５回	9. 8	淡輪ミサンザイ古墳（宇度墓）	○
1984	第６回	9. 8	野中ボケ山古墳（仁賢陵）	○
1985	第７回	10. 4	佐紀陵山古墳（日葉酢媛陵）	○
1986	第８回	5.19	太田茶臼山古墳（継体陵）	○
	第９回	10.23	河内大塚古墳（大塚陵墓参考地）	○
1987	非公式	9.29	春日向山古墳（用明陵）	△
1988				
1989	第10回	1.26	鳥屋ミサンザイ古墳（宣化陵）	○
	非公式	11.29	春日向山古墳（用明陵）	△
1990	非公式	8. 9	小田中親王塚古墳（大入杵命墓）	△
	第11回	12.26	佐紀陵山古墳（日葉酢媛陵）	●
1991	非公式	11.22	山田高塚古墳（推古陵）	△
	第12回	11.27	野中ボケ山古墳（仁賢陵）	●
1992	第13回	9.14	見瀬丸山古墳（畝傍陵墓参考地）	■
	第14回	12. 3	高屋築山古墳（安閑陵）	●
1993	第15回	12. 1	渋谷向山古墳（景行陵）	●
1994	第16回	12. 2	ヒシャゲ古墳（磐之媛陵）	●
1995	第17回	11.25	※佐紀石塚山古墳（成務陵）	●▲
1996	非公式	10.24	高田築山古墳（磐園陵墓参考地）	○
	第18回	11.22	岡ミサンザイ古墳（仲哀陵）	●
1997	第19回	11.27	平田梅山古墳（欽明陵）	●
1998	第20回	10. 7	宝来城跡（安康陵）	城館跡
1999	第21回	11.26	高田築山古墳（磐園陵墓参考地）	●
2000	第22回	10.20	吉田王塚古墳（玉津陵墓参考地）	●○
2001	第23回	11.23	※軽里前之山古墳（白鳥陵）	●
2002	非公式	11.14	※叡福寺北古墳（聖徳太子墓）	●結界石
	第24回	11.22	※太田茶臼山古墳（継体陵）	●
2003	第25回	12. 5	五社神古墳（神功陵）	●▲○
2004	非公式	9.10	田中黄金塚古墳（黄金塚陵墓参考地）	●▲
	第26回	11.12	※雲部車塚古墳（雲部陵墓参考地）	●○
2005	第27回	12. 2	※北花内大塚古墳（伝飯豊天皇陵）	●○
2006	この年度は保全整備工事にともなう「限定公開」はなし			
2007		同 上		
2008	第28回	11.28	百舌鳥御廟山古墳（百舌鳥陵墓参考地）	●
	非公式	12.10	河内大塚山古墳（大塚陵墓参考地）	○渡り堤
	〃	12.11	念仏寺山古墳（開化陵）	○鳥居立替
	〃	12.18	嵯峨部事務所（長慶陵）	△
2009	非公式	1. 9	上石津ミサンザイ古墳（履中陵）	外堤フェンス○
	第29回	12. 4	コナベ古墳（小奈辺陵墓参考地）	●

限定公開の内容　○外堤部または周濠　△周辺部　■内部主体　●墳丘裾　▲付帯部
※第１段テラスの一部立入り

懇談の際、以後宗教的礼拝やら形式をとらない自由な方式で、学会代表が一名、代表参拝することで、現在まで経緯しているが、陵墓によっては現場の書陵部職員から、「見学の皆さん、ここへ並んで参拝してください」と参加者全員の参拝を求められたこともあり、一六学会として代表参拝を再確認する必要がある。

④第一回から一〇回までの見学箇所は、通すがりの通行人も一緒にのぞき込むような周辺部の見学が一〇年間つづき、陵墓公開は墳丘への立ち入りを求めることを主要目的としている一六学会の理念との隔たりと、先の目途が見えない閉塞感のプレッシャーは強かった。

⑤第一七回の佐紀石塚山古墳（成務陵）見学のとき、墳丘裾周りの見学路の足場が悪く、一部墳丘第一段テラスを迂回する見学コースをとったが、以後、これがただちに墳丘立入りとはならなかった。

こうした話は、このあとの講演や報告でも出てくると思いますので、私は「百舌鳥・古市古墳群」が世界遺産に正式に登録されたけれども、古墳群や古墳の文化財的価値が世界的に認められた、と単純には喜びきれない問題について指摘したいと思います。

それは古墳と陵墓という二重基準があって、それぞれの古墳には地元で伝承した名称と、陵墓名の二つの呼び方がまとわりついてきました。それが世界遺産となって、とくに陵墓名が国際的基準の名称として固定してしまいますと、古墳や古墳群の正しい歴史的評価や理解が歪められる恐れが出てきます。百舌鳥古墳群では、大山《だいせん》古墳が「仁徳天皇陵古墳」という名称に決まってしまうようなことになると、次のような問題が起こってくるのです。

四世紀から五世紀にかけて成立した百舌鳥古墳群の時代には、「天皇」という地位や特別の支配者の墓を「陵」とする制度はありませんでした。また、「仁徳」というような中国風の諡《おくりな》は八世紀の終わり、平安時代に近い頃にやっとつけられたものです。そうした四世紀や五世紀の時代には存在しなかった制度や名称が、百舌鳥古墳群の中心になっている古墳にかぶせられてくるのです。

陵墓公開と保存を推進し、正しい歴史を明らかにしようとしてきたこの一六学・協会の運動が、これとどのようにかかわっていくのかという非常に重要な問題が出てきています。

また、自治体がおこなっている世界遺産の運動は、「百舌鳥・古市古墳群」という言い方になっていますが、考古学や歴史学では、古墳の成立や古墳群の成り立ちの順から言って「古市・百舌鳥古墳群」というのが正しいと考えています。こうしたいきさつは、世界遺産登録のために巨墳「仁徳陵古墳」を構成資産の中心的価値観において行政主導で進めた結果が、「百舌鳥・古市古墳群」という呼び方を生み出してきたのではないかと思いますが、これも問題点の一つです。

「前方後円」の用語は古墳外形研究の国際基準になるだろうか

日本では前方後円墳という言葉は小学生でも知っていますが、この用語を使うことが、これから国際化していく古墳研究の方向性のなかで、本当に国際基準となりうるのか、という問題があります。「前方後円」という言葉は、古墳研究の学史として、偉大な先学をそしる非礼をあえて言えば、江戸時代という時代的制約のあったなかで、蒲生君平《がもうくんぺい》が彼自身の錯誤で命名したもので、今までそれを論理的に明確に批判もせず、漫然と使いつづけてきた現代の考古学界、なかでも主に古墳研究のあり方に問題があると思います。たとえば前方後円墳を英語にすると、Keyhole-shaped Burial Mound（カギ穴形をした古墳）というのが一般的な表記だと思います。

一九九七年にドイツのジーゲン大学で開催された「国際計量史会議」という度量衡の歴史や技術史を研究する国際学会に参加し「前方後円墳築造の技法と尺度」という表題で発表したことがありました。この時は前方後円墳をKeyhole-shaped Burial Moundと訳して発表しました。出席していた外国の研究者のほとんどは、「カギ穴形をした古墳」という表現を初めて聞いたと思いますが、発表した後の質疑では、「円というのは何を象徴して、どういう意味があるのか」とか「台形の部分はどういう意味があるのか、それを結合させたカギ穴形というのは、どういう意味のある図形なのか」という端的で鋭い質問が出てきましたので驚きました。

世界遺産で公開され国際化すると、「前方後円」という君平以来の概念にとらわれず先入観をもたない海外の研究者が、「カギ穴形をした古墳研究」に参入してきたときには、ガラパゴス化した日本の前方後円墳研究の方法論や視点と研究者は、〝黒船来航的〟な脅威にさらされるのではないかと、前方後円墳設計や尺度を研究している一人として危惧します。

世界遺産登録を機会に前方後円墳という呼び方は、もう歴史的なレガシーとして記録にとどめ、これからの国際化のなかで学術研究の方法論として、前方後円にかかわる名称も含めて海外の研究者と論戦を交わせる手立てを考える段階にきていると思います。

日本では前方後円墳を使いながら、国際的にたとえばカギ穴形古墳とする二重基準はだめで、それをどう克服していくか、やはり一六学・協会が共通認識を打ち立てるための中心となって指導をしていただきたいと思います。

陵墓公開運動の歴史的経過の記録「経過表」の復活を

最後に、「限定公開経過表」の問題です。表は最初にお話ししたように、一九七九年一〇月二六日におこなわれた白髪山古墳の第一回限定公開からの経過を三〇年間ずっと付けてきた記録です。この表が最近の「陵墓限定公開検討資料」には、煩雑だからやめましょうということで、付けられなくなってしまいました。しかし、初めて限定公開に参加する研究者には、その経過が一目でわかりますし、どういうところが限定公開で公開されたのか、また墳丘の裾に入るまでに一〇年もかかったことなどがわかるわけです。

一〇年たって、やっと墳丘の裾に足を踏み入れられるようになったという経過をたどって、陵墓限定公開というのが今日までつづき、二〇〇八年からは墳丘への立入りもできました。ただし、これは、三段築成の古墳では、第一段の巡回路だけという非常に限定された立入りでしかありません。

陵墓公開運動の正しい歴史的経過と、その実態がどういう内容であったかを理解するためには、簡潔にまとめられた経過表がとても大切だと思います。毎年おこなわれる限定公開に初めて参加する研究者や、少ない参加回数で全体の経過や公開の中身を把握するためにも、陵墓限定公開経過表の復活と検討資料への添付をお願いいたします。

陵墓限定公開四〇周年を迎えた記念シンポジウムの開会にあたり、第一回の限定公開から参加し、四〇年を経て今なお、さまざまな問題があることをお話しして、ご挨拶にかえさせていただきます。

Ⅰ 基調講演・報告

部扉写真：大山古墳（今尾文昭撮影）

【基調講演】

「陵墓限定公開」四〇年と現状から考える

今尾文昭

1　現代社会と「陵墓」

はじめに─現代社会との関係

二〇〇九年に京都と東京で開催した「陵墓限定公開」三〇周年記念シンポジウムから一〇年がたち、この度、四〇周年記念シンポジウムを迎えました。これまでの動向と現状を顧みて、これからの陵墓問題をどのように考えるか。従来の視点に欠けていた点や予め限界と思い込んできた点、ここに公開への新たな芽があるのではないかという想いを抱いて話をします。

「陵墓」（現在、「皇室典範」にもとづき陵墓として管理されている現陵墓を、煩瑣だがカギ括弧で「陵墓」と表記した。律令期陵墓や近世以前の陵墓と区別する）は、戦後、国有財産法のうちの皇室用財産となりましたが、現代社会に照らすと多面的であり、歴史性に鑑みると多元的です。逆に言えば一面的、一元的ではない。思いつくままに、現代社会と「陵墓」の関係をあげてみました。

①学術―考古学・歴史学など
②信仰―皇室祭祀・「祈り」の場・地域社会
③観光―経済性
④文化施策―文化財・世界文化遺産
⑤教育―学校「日本史」
⑥防災―遊水池
⑦生産―灌漑
⑧景観―緑地（里山）

もっとあるかもしれません。以下に①～⑧を解説します。

①の「陵墓」のうちに古墳をはじめ文化財が多く含まれます。言うまでもなく、文化財は考古学や歴史学の学術対象です。注意しなくてはいけないのは、古代においても古墳が事後に「陵墓」に仮託された場合と、最初から陵墓としての古墳が築かれた場合があることです[1]。また、城郭と重複する場合もあります。その他に石塔などの文化財として認識できることもあります。多くは法的には、文化財保護法のなかに位置づけられます。この枠に留まらない学術面として、「陵墓」の環境下に育まれた生物は植物学、昆虫学、動物学の対象であり、周濠の水は水質学の対象です。また地質学、とりわ

け地震考古学の適例に「陵墓」がとりあげられることもあります。
②の信仰は、現在も皇室祭祀の一貫として「陵墓」への祭祀（式年祭・例祭・正辰《しょうしん》祭など）がおこなわれています。宮内庁は治定《じじょう》された天皇・皇后、皇族の名と陵名・墓名を明示した制札、陵前には鳥居が立つ拝所を設けて、日常の一般参拝にも備えています。一方、地元の方が信仰している場合があります。拙稿ですが奈良県明日香村平田の「現、吉備姫王墓」の墓前でおこなわれる飛鳥の石造物のひとつ、猿石の事例を紹介したことがあります。[2] もっとも「陵墓」への祈りではありません。歴史的に関係した寺社が祈りをおこなっていることもあります。
③は、実質上「陵墓」を主たる目的地とする観光を喚起しようという動きが官民ともにあります。①の成果が観光を媒介に広く共有化が図られています。また「陵印」の蒐集などは②と観光記念の混《こん》淆《こう》ともいえます。
④は、直近の百舌鳥・古市古墳群の世界文化遺産登録です。「陵墓」が主たる構成資産になっています。「人工の所産及び考古学的遺跡を含む区域であって、歴史上、芸術上、民俗学上又は人類学上顕著な普遍的価値を有するもの」（世界遺産条約第一条）の条件のうち登録基準（iii）の「文化的伝統・文明に関する唯一または稀な証拠」、登録基準（iv）の「人類の歴史上重要な時代を例証する建築様式、建築物群、技術の集積または景観の優れた例」に該当することが、アゼルバイジャンで開催されたユネスコの第四三回世界遺産委員会で二〇一九年七月に認められ、正式登録されました。ちなみに日本国内の文化遺産登録は、現在一九リストにおよびますが「陵墓」が含まれるのは、今回が初めてです。

⑤は、歴史教育における古墳時代の説明に「陵墓」となる古墳（天皇陵古墳もしくは、陵墓古墳と総称）の航空写真が教科書等に掲載されています。大王による「国土支配」の広域化を教えるうえで「陵墓」は採りあげられています。巨大な前方後円墳の存在は、それが直接、表現されたわかりやすい教材というわけです。もっとも陵墓の成立と古墳の違いに教科書の記述がおよぶことはないと思います。

⑥は、「陵墓」の周濠を遊水池として、また都市防災に活用しようという考えがあります。ただ行政上に明確にその用途を位置づけされたものか、どうか。

⑦の灌漑は、近年は水田が減り、とくに都市部にある「陵墓」の周濠に溜められた濠水は実際にはあまり使われていないかもしれません。用水整備でかつてほどの水量確保が求められていない昨今かもしれませんが、水利権は今も生きています。たとえば桜井市の箸墓古墳（現、倭迹迹日百襲姫命墓）の周濠は、大池と呼ばれる農業用の灌漑溜池に重なります。地元の水利組合が管理しています。ただし、大池は「陵墓」の域外です。

⑧の景観は、「陵墓」が緑地保全の中心にあるという意味です。前近代には「陵墓」となる古墳の多くは里山でした。地元の入会地となり、在地社会の再生産の機能をもっていたことが、多く指摘されます。たとえば天理市の渋谷向山《しぶたにむこうやま》古墳（現、景行天皇陵）の地元の渋谷町有文書には、墳丘が「草山」、周濠が「水田」となっており、幕末に「陵墓」となったことで、それらが買い上げられて「潰《つぶれ》地《ち》」になったことが記されています。[3] 在地社会との隔絶化ですが、景観上の緑地は維持されました。それが現代では、たとえば奈良市の佐紀古墳群を構成する五社神《ごさし》古墳（現、神功皇后陵）は風致地区の第一種となり、奈良県風致地区条例の範囲、さらには歴史的風土特別保存地区内にあります。この

「陵墓」のある「平城山風致地区」の設置目的は「史跡及び御陵風致保全のため」とされています。里山の用途は閉ざされましたが、市街地隣接地の緑地として、その歴史性とともに景観維持が行政によって計られています。

このように「陵墓」には現代社会のなかで、多面的な要素や意味があります。少し考えるとあたりまえのことですが、「陵墓」の未来を考える前提として、まずここを踏まえなくてはなりません。それは、人それぞれの立場や考え方によって第一義が①であったり、②であったり、時には⑦であったりするからです。①か②か、という対立項を立てることはわかりやすいかもしれませんが、それではかえって「陵墓」を開く未来が遠くなると思います。「陵墓公開」にむけて広範な「国民的合意」を得るためにも、右に掲げた多面的な要素、用途や歴史的および今日的意味を知り、そのバランスに配慮することが肝要だと考えています。

〝慶事〟の空気に薄れる学び

「陵墓」に多面的な要素があるという一方、「まあ、おめでたいことだから、むずかしいこと言わんでええやないか」というような空気が醸される場合に、私たちはどう向き合うかという現実問題があります。要は右にあげた①〜⑧のうちの一面性が強調され、喧伝されることがあります。

二〇一九年七月に百舌鳥・古市古墳群が世界文化遺産へ登録される際のことです。正式決定の瞬間に「なにわのハニワ」というキャッチーなのでしょうか、親しみを込めて子供が話すニュース映像が流れました。強い違和感を私は覚えました。辞書に「なにわ」（難波・浪速・浪華などと表記）は大阪市付近の古称、通称とあります。百舌鳥古墳群も古市古墳群も大阪市にはなく、堺市と藤井寺市・羽曳野市にあるわけです。音の響きはよいが、地域呼称の不用意な拡張であり、歴史に照らすと不適正です。どうして周囲の大人たちは注意をしなかったのか。慶事の空気のなかで、歴史的な呼称がないがしろにされました。もちろん、そのまま流す報道姿勢も問題です。

「祝・世界遺産」という旗を掲げたプロモーションビデオの映像で、四人の女性グループが堺市のハニワ部長と一緒に、「仁徳天皇陵」の陵前に参拝しますが、そこで「発掘、発掘ここ掘れワンワン、最大前方後円墳、遺跡は奇跡なの」と歌います。発掘調査は宝物探しではありません。ここに①学術、さらに言えば②信仰と折り合いをつけるという姿勢や配慮はあるでしょうか。行政当局が「慶事の前に薄れる学び」の旗を、結果的に振っていると、この場を借りて批判します。

先にも言及しましたが、①〜⑧のそれぞれが尊重されて、その中で課題を一つ一つ突き合わせて、社会にとって、落ち着きどころのよいところを常に求めていくべきだと思っています。課題や状況が時代とともに変化することも、またあたりまえのことですが、要はどこか一点が固定され不変とされるものではないということです。もちろん、第一義を①とする立場もあれば、②ほかの立場もあるわけですから、整合するための努力は簡単ではありません。

仁徳天皇陵古墳という構成資産名称

百舌鳥・古市古墳群の世界遺産登録という慶事に起きたことを話しました。次にユネスコへの推薦にあたって創案された〇〇天皇陵古墳という名称を採りあげます。たとえば、構成資産名称の「仁徳天皇陵古墳」「仲姫命陵古墳」です。考古学による遺跡（古墳）命名法から逸脱した名称であり、一九六〇年代末から七〇年代前半にかかる学史上の成果が反映されていない命名であると批判してきました。二〇一八年九月と二〇一九年七月に日本政府をはじめ関係機関への名称の再考を、複数の学会が連合して意見表明しました（巻末資料3・4・5〈英文〉を参照）。

〇〇天皇陵古墳という名称は、歴代天皇の諡号＋天皇という職位＋天皇や皇后の墓の呼称である陵の後ろに、古墳時代の首長墓の普通名詞である古墳を付けた新造語です。「木に竹を接ぐ」のたとえはこのようなことをいうのだと思います。律令期に成立をみる陵墓と、古墳時代の造形物である古墳をつないだ名称は、学術上に不適正です。そればかりか、名称の一本化は誤解を招き、やがて⑤の教育面にも波及するおそれがあります。

構成資産名称を〇〇天皇陵古墳と一本化したことは、古墳と「陵墓」をいわば同じ棚に収納してしまうことを意味します。その結果、「陵墓」の現治定の正否といった古代史や考古学からの課題をわかりづらくさせました。加えて、前近代、近代、現代における「陵墓」の課題をも見えづらくしてしまいました。近代史の宮地正人氏が「平成」の大嘗祭について、農業祭祀だけで大嘗祭の意味を説く政府見解に対して、カギカッコ付きで巧妙な「神かくし」だと述べています[4]。それを敷衍するならばカギカッコ付きの巧妙な「陵墓かくし」ということになってしまったのではないでしょうか。

さて、陵墓公開の運動史については、宮川徏先生が開会挨拶で触れられました。公開運動への私自身の直接的な関わりは、一九八〇年代なかばからです。長く関係していますが、実体験を通した運動史の総括は少々、荷が重い。そこで、与えられた演題の話の前半として、これまで節日におこなわれた二回の「陵墓限定公開」の記念シンポジウムで議論された課題のうちから自身の関心に即した事柄について、紹介します。

2 「陵墓限定公開」二〇年シンポジウムから

「陵墓」と古墳

「陵墓限定公開」二〇年シンポジウムは、一九七九年一〇月の白髪山古墳《しらがやま》（現、清寧天皇陵）の第一回陵墓限定公開から数えて二〇回を記念し、正式には陵墓限定公開二〇回記念シンポジウムの名称で奈良県天理市の天理大学において一九九八年一二月に開催されました。

地元の天理市では、これに先立つ一九九三年から九五年に、継体天皇の皇后手白香皇女《たしらか》の衾田陵《ふすまだ》として宮内庁が管理する西殿塚古墳《にしとのづか》を市教育委員会が発掘調査しています。もちろん、調査箇所は「陵墓」域外の民有地で、墳丘東側のくびれ部裾などが確認され、「陵墓」の墳塋《ふんえい》と古墳本来の墳丘の形状に相違があることが判明しました。また、従来から西殿塚古墳の墳丘で表面採集された資料のなかに宮山型特殊器台の存在があり、三世紀後半代の築造と目される古墳時代前期前葉の大型前方後円墳と考えられていましたが、調査でその年代観を確実にする円筒埴輪の出土がありました。つまり、六世紀前半にヲホド王（継体大王）の大后となるタシラカ王女の時代から、二五〇年ばかり古い古墳だということです。すでにシンポジウムが開催されたときには、考古学の成果と現治定の乖離が抜き差しならない状況になっていました。「陵墓」も古墳であって、学理によって評価する対象です。現代の考古学はそれを前提に研究をしてきたわけで、戦前から提起された大阪府高槻市の今城塚古墳をヲホド王の奥津城とする議論に引きつづき、西殿塚古墳の現治定への疑義を市民も知るところとなり、治定をめぐる陵墓問題は社会化していました。

こういった前提のなかで、現治定の不変について講演者の森浩一の発言があります。

「現在、宮内庁書陵部にも何人かの考古学者が勤めている。どうしてその人たちは、江戸時代の人や明治の初めの人がやったように、このほうが本当の天皇陵だという研究をしないのか(5)」

森は「陵墓」の被葬者についても積極的に発言する考古学者でした。さらに、講演のなかで自身が提案した「天皇陵古墳」という用語も不適性だと述べています。

「「天皇陵」というのは「天皇」も「陵」も前方後円墳の時代にはまだなかったから、私のように仁徳陵はやめて大山古墳にしようというのは、それはそれで効果はあったと思います。だけど「天皇陵古墳」という言葉は私もまだ使い続けているわけで、そうすると一般の人は、ああいう巨大な前方後円墳は天皇陵として一般豪族とは別物だと、そういう印象を受けてしまうおそれがある。ですからなにか言葉を考えなければいけませんね。たとえば宮内庁古墳とか」

なぜ自身が提唱し、定着をみていた「天皇陵古墳」という総称を見直す必要があると言ったのでしょうか。これは、現治定に関係した名付けが考古学の軛《くびき》となることから、学術のもとでの自由裁量な思考を得て古墳時代の王墓の被葬者を考えるという意思表明でした。

結局、森は古墳となる「陵墓」に対して終生、天皇陵古墳と称しました。なお、私も用語に問題があると感じています。普段は定着もしているので、天皇陵古墳と称していますが、普通名詞としては、「天皇制古墳」と呼ぶのが歴史性を反映したより妥当な用語ではないかと提案しています。(6)

ところで、森は「陵墓」となる古墳の個別呼称をしばしば変えています。とくに大阪府堺市の大山古墳は一九六五年から七六年までの間、めまぐるしく呼称を変えており、その都度、変更理由を明記していますが、読者としては戸惑うことになります。この機会に森の呼称変遷を概観しておきます。(7)『古墳の発掘』(中公新書、一九六五)では「仁徳陵」、『シンポジウム古墳時代の考古学』(学生社、一九七〇)では慣用的に呼称してきた「仁徳陵」のあとに古墳を付け「仁徳陵古墳」とします。その後も、学術上に妥当な名称について思考を重ね、一九七三年の著作では「大山陵」と記します。これは近代の地元呼称に基づいたものですが、どうして古墳と付けなかったのかは説明していません。それは、大山古墳の被葬者を「仁徳天皇」であると考えたからかもしれません。ところが、翌年の七四年には、やはり古墳と呼ぶべきだとして「大山陵古墳」としました。そして、七六年の著作『カラーブックス考古学入門』(保育社)ほかに、シンポジウムでの発言のとおり「陵」を入れることは不適正として「大山古墳」の名称を提案しました。ようやく自身にとって、落ち着きどころのよい名称にたどり着いたということでしょう。一足飛びに「仁徳陵」から「大山古墳」へと変えたわけではありません。

白石太一郎氏は『古墳の被葬者を推理する』(中公叢書、二〇一八)で、被葬者が確定できない古墳を宮内庁の治定に即して「応神天皇陵」「継体天皇陵」と呼ぶと学問的に問題があり、誤解を生じる恐れがあるとしたなかで、森は「天皇陵などに指定されている古墳については、「応神天皇陵に指定されている古墳」、「継体天皇陵に指定されている古墳」という意味で「応神天皇陵古墳」、「継体天皇陵古墳」などと呼ぶことを提唱された」と記します。森には多くの論著がありますから、もしかするとどこかで「仁徳天皇陵古墳」などという発言などがあったかもしれません。しかし、管見におよぶ限り「仁徳陵古墳」とした一時期はありますが、「仁徳天皇陵古墳」と呼んだことはなかったと思います。やはり、世界文化遺産の構成資産名「仁徳天皇陵古墳」を代表とする「〇〇天皇陵古墳」は、今回、新たに創られた造語でしょう。

④の推薦過程で突如、現われた「〇〇天皇陵古墳」は①の原則と成果から遊離し、⑤をはじめ社会に誤解を生じるおそれがある。また、②からも違和感をもたれるかもしれません。バランスを欠いた名称です。早急に変えるべきものと考えます。

歴史学と考古学からの取り組み

甘粕健の公開運動の契機に関わる発言もあります。

「学会全体としても、古墳の形態研究が非常に重要だということが明らかになってきた。その矢先に、宮内庁が整備と称して古墳の肝腎なところを変形していくことに、強い憤りを感じざるをえなかったわけです。それから、もうひとつには一九六六年の建国記念の日という形で紀元節復活にも通底するわけですが、「神武陵」をはじめとする架空の天皇陵を依然として押しつけている今日の陵墓制に科学の光を当て、改めることなしには「皇国史観」を真に克服することができないという文献史学の人たちに痛切な思い、それがやはりこの時期に結集して、その後二〇年も続く息の長い運動になったわけです(8)」

考古学研究者や学会の側は、「陵墓」の周濠整備として実施される墳塋の営繕工事に対する疑問と「陵墓」域外で進行する都市開発への危機感がありました。甘粕の指摘は今も克服されたわけではありません。甘粕発言に即した関連事例をひとつ、紹介します。

奈良県天理市の行燈山古墳《あんどんやま》（現、崇神天皇陵）では一九七四・七五年に墳丘と外堤護岸に先行する事前調査が実施されています。それぞれの調査面積を合計しても、約二四三平方メートルほど（図上計測）と小規模なもので、墳丘本来の形状を確認することなく、「原初」の墳塋は損傷されないとの判断のもと、護岸工事がおこなわれました。護岸は各部分でさまざまです。渡土堤《わたりどて》の部分は間知石《けんちいし》による矢羽積みというのでしょうか、池沼や河川と同様の護岸に仕上がっています。近年の宮内庁の陵墓整備事業では、護岸工法の改良もあり、個別の「陵墓」に即した工法を採る対応があります。しかし、依然としてほぼ垂直に立ち上がった護岸整備が多くの「陵墓」で見られます。つまり、古墳本来の墳丘裾から墳丘第一段にむかう傾斜角が反映されない整備事業がおこなわれています。

甘粕はこれを「変形していく」と強い言葉で批判しました。「陵墓」の不変と護岸効果は、達成されているのでしょうが、古墳の原形復元を鑑みることがない整備事業では、墳形に対する社会の誤解を招くという意味からも問題です。一方、歴史学研究者からは、天皇制に対する科学運動として、陵墓公開運動をとらえてきたのではないかと述べています。

「陵墓」の整備問題だけではなく、二〇年シンポジウムから二〇年後となる本年（二〇一九年）、「陵墓」を含む古墳群全体の保存や活用について、一つの応えが示されたのが④の「百舌鳥・古市古墳群」の世界文化遺産登録でした。久世仁志氏によりますと、百舌鳥古墳群は、戦後の確認では一〇〇基以上ありました。それが現存数は、四四基です。そのうち、世界文化遺産に登録されたのは二三基です。古市古墳群では四キロ四方ほどのなかに、かつて一三〇基以上の古墳があったそうです。現存数は四六基です。そのうち登録されたのは二六基です。世界文化遺産登録合計の四九基のうち「陵墓」などが二九基という現実があります(9)。

地元の堺市・羽曳野市・藤井寺市教育委員会の方や大阪府の関係者の努力によって世界文化遺産という形で、これ以上の開発には歯止めが掛けられたものと思います。もう、これからは潰してはいけないという行政側の覚悟が示されたと私は受け止めています。しかしながら、登録の四九基のうちの半分以上が「陵墓」で四〇年間を超える運動がありながら、原則、非公開の課題は克服されていません。また、構成資産から外され、登録から遺漏した古墳についても破壊や変形されることなく、保存や活用がなされなくてはなりません。戦後復興や都市開発で百舌鳥古墳群、古市古墳群は双方ともにその半分以上が損なわれ、地上から姿を消した過去を忘れてはなりません。

3 「陵墓限定公開」三〇年シンポジウムから

「祈りの場」と文化財

「陵墓限定公開」二〇年シンポジウムから一〇年後の二〇〇九年五月に京都のキャンパスプラザ、一一月に東京の駒澤大学で、「陵墓限定公開」三〇周年記念シンポジウムが開催されました。京都会場では、「陵墓」に関わる克服すべき論点を後藤真氏が提出しています。

「天皇陵が実際に祈りの場となってしまっている現実をどうとらえるかということがあります。（中略）わたくしたちは定着してしまった誤った陵墓の治定、すなわち定着してしまった「祈りの場」とどのように接していけばいいのか、ということを考えなければならない段階にきています。（中略）もちろん、今の陵墓が間違っているという主張には、意味がありますが、その先にある「陵墓の本質」の問題に安易にからめとられることのないようにしなければいけないと考えます[10]」

後藤氏が具体例としたのは、五月二日と三日に奈良市法蓮町にある聖武天皇と光明皇后の陵前で東大寺がおこなう聖武天皇祭です。一般の方の参拝もあります。戦国時代の城郭利用で、学術面からは現位置や形状に疑問が持たれている「陵墓」です。一方、『東大寺要録』には「山陵御読経」に関する記事があり、東大寺による信仰は国家による祭祀が形式化し、停止した平安時代末期にも継承されています[11]。定着した「祈りの場」に対して学術の側はどのように向き合うか、「陵墓」に対する科学コミュニケーションの実際に対する問題提議です。冒頭にあげた①学術と②信仰の整合、その克服が四〇年シンポジウム以降も課題であると考えます。のちほど、後半に採り上げます。

学術の可変と治定の不変、その検証

「陵墓限定公開」三〇年シンポジウムでは、高木博志氏の提言もありました。

「戦後の歴史学や考古学の成果を考えると、（中略）六世紀前半の継体朝以前の巨大古墳を天皇家の祖先の墓としてのみ考えてよいのか、と疑問に思うわけです。（中略）わたしは、十分な学問的な議論を経て、たとえば継体朝以前の古墳については、現状の宮内庁管理を尊重しながらも、市民の文化遺産と位置づけて、文化財保護法のなかで保存、公開、活用のあり方を多様に考えるべきだと思っています[12]」

「記紀」系譜に基づく陵墓の体系に、現在の学知を及ぼすと「天皇家の祖先の墓」は相対化します。皇統譜上、議論のある「陵墓」を分別して文化財としての位置付けを明確にしてはどうかと述べています。粗く言えば、現状の克服として①学術と②信仰を分別してはどうかという提言です。

かつて岡田精司は、幕末まで内裏の奥に祀られていた仏間「御黒戸《おくろど》」の存在に着目して、前近代の天皇家の祖先祭祀は、現在の皇室がおこなっている祭祀とは、ずいぶんと違うあり方だったと指摘しました。

「天皇家の祖先祭祀は、古来変わることなく続けられてきたように考えている人が今も少なくない。近代の陵墓のあり方を問題にするにあたっては、その前提として〈皇室の祖先祭祀〉の実態を検討する必要があるだろう。（中略）御黒戸の祭祀において最も注目されることは、そこにだれが祀られていたか、つまり天皇たちの「位牌」の実態は何かということであろう。現在、泉涌寺の霊明殿に祀られている位牌は天智天皇とその子孫の光仁、桓武以後の天皇たちだけに限られているのである。平城天皇は除かれているし、神武天皇以下の初期の天皇たちの名はもちろんのこと、推古も天武も、大仏を建立した聖武の名も、そこにはない[13]」

指摘は一九九五年ですから、二〇年シンポジウムにも先行します。神代三陵を含めた歴代陵墓が治定され、宮中祭祀と陵墓祭祀が現在おこなわれていますが、前近代の天皇家の祖先に違う姿がある、脈々と不変の祭祀が継承されてきたわけではないとしています。それも祭祀の形態に留まらず祭祀対象を指すわけです。この理念上の変質を「位牌」という可視化された物証をあげて論じています。「陵墓」と古墳は何が違うか。くり返しとなりますが、すでに「陵墓」には、被葬者があてられています。その治定が不変なのです。もう一つ不変があります。「陵墓」の形状です。古墳は学術成果のもと、既往の説が果断なく検証されます。時期も形状も可変です。

たとえば、佐紀古墳群を構成する五社神古墳（現、神功皇后陵）は、古墳時代前期後葉の築造で、古墳群の最初に築かれた大型前方後円墳とする評価が一般的でほぼ定説化していましたが、二〇〇三年の宮内庁の調査成果が明らかになると、中期古墳につながる要素が顕著となりました。今では前期末葉から中期初葉に築造されたと考える人が多いのではないでしょうか。古墳群での築造順序も三番目ないしは、四番目とみなすようになっています。

二〇年シンポジウムの甘粕発言は、「陵墓」の不変と古墳（文化財）としての保存範囲や形状の乖離を突いたものでした。三〇年シンポジウムの高木氏の発言は、皇統譜にもとづき治定された「陵墓」の不変に対する今日の科学から「歴代」の理解を問いかけたものです。先に触れたとおりその際、①と②の分別を科学的な合理性として受容できないかと述べています。もっとも、科学の理解は可変ですから、たとえ定説となる学術成果といえども、所詮、現時点の学説のひとつに過ぎないと相対化され、結局のところ根本的な提起がうやむやにされてしまう。現治定の正否を問う議論の際に、墓誌などが出土していないことを理由にして、治定の見直し検討はしないとする宮内庁側がもち出す論理はこの点です。そして、時期的には先行した発言ですが、岡田が述べたことは不変のように見える事柄も可変であるという、そういう気づきです。

4　昭和天皇の陵墓行幸と科学

近代天皇制とともにある「陵墓」は不変であり、②信仰―「祈り」の場となって約一五〇年を経過しました。他方、①学術は「陵墓」に可変な評価を与えます。①の評価と現治定に決定的な乖離が生じている例は多く知られているところですが、①と②ほかの棲み分けが働いたこの一〇年間であったように思います。棲み分けは、現実への知恵ともいえますが、実際の課題からの逃避や先送りとなります。バランスに配慮されたとか、整合化が許されたわけでもありません。なんといっても「陵墓」の原則非公開の現実は、①はもとより④文化施策、⑤教育の領域からみても課題であることに変わりはありません。

そこに向き合い「陵墓」の公開を図るうえでの〝解〟を得ることはもちろん、容易ではありません。でも、ここで少し考えてみたい。そもそも天皇自身は「陵墓」にどのように接してきたのか。昭和天皇の陵墓行幸を中心に「昭和史」のなかで追いかけてみました。

二〇一五年から一九年に『昭和天皇実録』全一九冊（東京書籍）が宮内庁の編集で刊行されました（以下、必要に応じて『実録』と表記）。当然ながら整序された情報しか載っていません。[14]昭和天皇が「陵墓」への行幸を重ねて「祈る」なかで、どのような心象を抱いたのか。それを具体的に知る記述はほとんどありませんが、併行して歴史学や考古学、人類学など往時の科学に触れた記録もあります。

皇太子時代の「陵墓」参拝

一九一三年（大正二）三月二八日に「陵墓」参拝があります。一二歳でした。前日に京都へ入り、明治天皇陵を参拝します。弟の雍仁《やすひと》親王（のちの秩父宮）、宣仁《のぶひと》親王（のちの高松宮）が同伴します。一一月には学習院初等学科による千葉県香取方面への遠足に参加し、香取神宮では宝庫の海獣葡萄鏡を見学、佐原停車場では学友の父の陸軍歩兵中佐から印旛付近に出土した石器数種の献上を受けます。考古資料にも少年期に直接に触れ合う機会があったわけです。

一三歳となる一九一四年（大正三）三月にも明治天皇陵、泉涌寺《せんにゅうじ》へ行啓します。さらに宮内省御用掛増田于信《ゆきのぶ》の先導で孝明天皇陵、英照皇太后陵、光格天皇陵、仁孝天皇陵へ参拝します。四月には東京帝国大学文科大学教授白鳥庫吉、学習院教授石井国次《くにじ》・同飯島忠夫らが東宮御学問所御用掛に任命されます。七月には昭憲皇太后陵へ参拝し、還啓後、学習院教授白石正邦・津田左右吉が東宮御学問所用歴史編纂を嘱託（四月二〇日付）されます。八月には、東京帝国大学文科大学助教授黒板勝美より同氏著『義経伝』（日本史談第一篇）の献上、九月には大正天皇から『大日本古文書』五〇冊、『大日本史料』六五冊が贈られ、一二月には貴族院議員徳富猪一郎（蘇峰）が献上の『日本書紀』神代ノ部二冊の披露があります。

帝王学の一環というものでしょうか、東宮御学問所の設置による教育者の配置と典籍類の配備による皇太子の国史教育の環境が、大正初年には整いました。もちろん、九歳の時に学習院の訓話（石井国次の担当）で学んだ仁徳天皇の美徳を貞明皇后に話す機会、また歴史への興味を示し、とくに天智天皇や豊臣秀吉に関心をよせたことがみえますから歴代の人物や事蹟についての学習は、以前から始まっています。

一四歳の一九一五年（大正四）四月にも京都と奈良への行啓があります。明治天皇陵、昭憲皇太后陵の参拝、さらには孝明天皇陵と英照皇太后陵の参拝、泉涌寺では白鳥庫吉と石井国次が謁見して、石井より泉涌寺内の歴代「陵墓」の説明を聴いています。奈良では、神武天皇陵、橿原神宮、綏靖天皇陵に参拝した後、法隆寺に向かいます。金堂・講堂・五重塔、夢殿の巡覧があり、中宮寺では天寿国曼荼羅繡帳や菩薩半跏像を見学します。説明は白鳥がおこなっています。翌日には奈良帝室博物館へ行啓しました。五月には朝鮮総督寺内正毅より朝鮮総督府編『朝鮮古蹟図譜』、七月には宮崎県知事有吉忠一より宮崎県編『宮崎県児湯郡西都原古墳調査報告』の献上があります。

一五歳となる一九一六年（大正五）一月には、天皇・皇后より四書（『大学』『論語』『孟子』『中庸』）、『日本書紀』『古事記』などを賜わります。次いで四月三日は、神武天皇二千五百年式年祭でした。山陵の儀は大正天皇の親祭で、皇太子は真榊一対と盛菓子一台を山陵に供えています。陵墓祭祀への関わりがみられます。ちなみに東宮侍従を奈良行在所（奈良倶楽部）に差遣しています。六月には元寇史跡保存会より元寇防御の際の石塁遺物一〇個の献上があり、七月には佐渡の順徳天皇火葬塚に参拝、一二月には立太子礼終了の奉告のために、三重・奈良・京都に行啓します。先ず神武天皇陵、翌日には明治天皇陵と昭憲皇太后陵、次いで孝明天皇陵、英照皇太后陵、仁孝天皇陵、光格天皇陵に参拝します。参拝は大正天皇の先帝、先帝前三代と神武天皇陵ならびに先后にあたります。

それ以外の歴代「陵墓」への参拝が、立太子後の一九一七年（大正六）の一六歳のときに始まります。天皇歴代に対する学習の臨地研修の性格があったとみます。五月二日に諸陵寮所蔵の歴代山陵図、山陵の絵葉書・写真、その他皇陵関係参考書類を見学したのち、四日に奈良・大阪への行啓に出発しました。行啓目的は歴代「陵墓」の参拝で、東宮職出仕五名が供奉します。六日に石上神宮で六叉鉾(七支刀)を見学後、大和《おおやまと》神社へ向かいます。崇神天皇陵、景行天皇陵、ついで神武天皇陵、橿原神宮、懿徳天皇陵、欽明天皇陵、天武天皇・持統天皇陵、綏靖天皇陵を順次参拝し、耳成山にも登っています。列車を乗り継いでの行啓ですが、けっこうな距離を一日で回りました。そして、直接の行啓がなかった光仁天皇陵、春日大社、舒明天皇陵、崇峻天皇陵、談山神社、安寧天皇陵、宣化天皇陵、文武天皇陵、孝元天皇陵へは、それぞれ随伴の東宮侍従の差遣がありました。

七日は、大阪府下の歴代「陵墓」の参拝です。允恭天皇陵、応神天皇陵、孝徳天皇陵、推古天皇陵、用明天皇陵を順次参拝の後、叡福寺では廐戸皇子墓を参拝、浄土堂で宝物・発掘出土品等を見学します。前日と同様、直接の行啓がなかった安閑天皇陵、清寧天皇陵、仁賢天皇陵、仲哀天皇陵、雄略天皇陵、敏達天皇陵へは東宮侍従の差遣があります。八日も大阪府下で、住吉神社の参拝の後、仁徳天皇陵、反正天皇陵の参拝があり、直接の行啓がない履中天皇陵へは東宮侍従の差遣があります。九日は、奈良県北部の歴代「陵墓」への参拝です。聖武天皇陵と光明皇后陵の参拝、法華寺から平城宮大極殿址へ、ついで平城天皇陵、開化天皇陵の参拝、興福寺の南円堂・五重塔・東金堂等の巡覧という日程です。この日もまた直接の参拝がなかった元正天皇陵、元明天皇陵、称徳天皇陵、成務天皇陵、神功皇后陵、安康天皇陵へ東宮侍従の差遣があります。一〇日は吉野で後醍醐天皇陵と世泰《よやす》親王墓に参拝の後、如意輪寺に向かいます。この日も、前日までと同様に直接の行啓がない孝霊天皇陵、顕宗天皇陵、武烈天皇陵、孝昭天皇陵、孝安天皇陵、斉明天皇陵への東宮侍従の差遣があります。

一七歳の一九一八年（大正七）四月にも、ひきつづき歴代の「陵墓」参拝を目的にした京都方面への行啓をおこないます。紙幅の関係もあり、ここにあげるのは一部としますが、行啓中の三日は例祭としておこなわれる神武天皇祭で、午前一〇時に二条離宮から皇霊殿を遥拝します。陵墓の方向ではなく、宮中に向かっての祈りでした。同日、明治天皇陵と昭憲皇太后陵の参拝、ついで桓武天皇陵を参拝します。翌四日には天智天皇陵へ参拝しました。

前近代の宮中の祖先祭祀は、天智天皇を「始祖」視することと、天智天皇に列なる歴代天皇が「祈り」の対象だったという御黒戸の存在について言及しましたが、皇太子が天智天皇陵と桓武天皇陵へ参拝するのは、この時が初めてです。すでに三度の参拝がある「皇祖皇宗」の人皇初代、神武天皇の畝傍山東北陵との差違は歴然です。例祭対象の「陵墓」への参拝とそれ以外の歴代「陵墓」の区別ということですが、天智天皇の天皇家の「始祖」としての位置が、神武天皇にかわったことは皇太子時代の陵墓参拝の先後関係と行啓頻度に反映しています。

一八歳の一九一九年（大正八）五月には成年式が済み、神武天皇陵、明治天皇陵に参拝したほか、一一月には兵庫県加古川の日岡山《ひおかやま》御野立所《おのだてしょ》にて大正天皇に従って陸軍特別大演習に臨みます。その際、日岡陵（景行天皇皇后の播磨稲日大郎姫命陵）に一拝します。そして後日、東宮侍従を代拝として差遣します。一九歳の二〇年（大正九）三月には、駆逐艦「榎」で宮崎県の鵜戸《うど》神宮に行啓、参拝し、次いで鹿児島県の天津日高火火出見尊の高屋山上《たかやのやまのえ》陵と天津日高彦火瓊瓊杵尊の可愛《え》山陵を参拝します。つまり、奈良・京都の歴代「陵墓」の参拝を一通り終えた後には、地方の「陵墓」、さらには神代陵へ参拝は及びます。

二〇歳となり、一九二一年（大正一〇）は渡欧の年次でした。その奉告のため二月には神武天皇陵、明治天皇陵、昭憲皇太后陵に参拝します。七月には閑院宮《かんいんのみや》載仁《ことひと》親王とともにローマ史跡巡覧に向かい、考古学者アルフォンソ・バルトリらの説明でコロセウムほかの見学を済ませています。九月には帰朝奉告のため、陸軍正装に勲章・記章全部佩用のうえ、諸陵頭山口鋭之助の先導で、神武天皇陵への参拝があります。この際は拝所に進み、掌典が捧持する玉串を執り、これを捧げて拝礼しました。翌日には明治天皇陵と昭憲皇太后陵に同様の参拝をおこないます。一一月には大正天皇の病状悪化により摂政に就きました。一二月、摂政就任の奉告のために陸軍正装で神武天皇陵、明治天皇陵、昭憲皇太后陵に参拝します。

二一歳となる一九二二年（大正一一）には、明治天皇十年祭に摂政の資格で参進して拝礼、告文を奏しています。さらに非公式で昭憲皇太后陵に拝礼、一方、宮中の皇霊殿の儀、御神楽の儀は雍仁親王が摂政の名代で拝礼しています。先皇への陵墓祭祀の儀式執行は、摂政の皇太子が担うようになりました。二三歳の二四年（大正一三）は久邇宮良子《ながこ》と結婚した年です。一月に妃とともに神武天皇陵、明治天皇陵、昭憲皇太后陵に参拝しています。八月には平城天皇千百年式年祭で遥拝があり、皇霊殿の儀は侍従が代拝を奉仕します。一〇月は懿徳天皇二千四百年式年祭で遥拝があり、皇霊殿仮殿に侍従が代拝を奉仕します。摂政として歴代天皇の式年祭へ関わるようになります。

二四歳の一九二五年（大正一四）の五月には、明治天皇陵、昭憲皇太后陵、孝明天皇陵、英照皇太后陵、仁孝天皇陵、光格天皇陵への参拝につづき、泉涌寺霊明殿の「御霊位」を拝しています。これは、かつて御黒戸や京都府下の諸寺院で祀られていた天智天皇以降の歴代の位牌のことでしょう。

二五歳となる一九二六年（大正一五）九月には、京都帝国大学文学部教授浜田耕作の講話「京都府下並奈良大分両県下ニ於ケル考古学的研究ニ就テ」を妃とともに聴いています。来日中のスウェーデンのグスタフ・アドルフ皇太子の見学先に関するものでした。一〇月には、枢密院会議にて「長慶天皇ヲ皇代ニ列セラルルノ件」が可決されたことを受け、長慶天皇を九八代として歴代に列する裁可をおこなっています。以降、長慶天皇陵の治定をめぐり、調査要望の上申が相次ぎ、一九三五年（昭和一〇）の「臨時陵墓調査委員会」の設置につながっていきます。そして、一二月に大正天皇の死去にともない皇位に就きます。

侍従の差遣、式年祭にかかる進講

天皇となって以降、『実録』に採られた「陵墓」関係の記述は形式的になっていきます。それでも戦時体制下に向かうなか、例祭や式年祭にともなう宮中祭祀、陵墓祭祀、行幸にともなう「陵墓」参拝はつづきます。一方、人類学、古代史、考古学など科学との関わりも垣間見ることができます。

二六歳の一九二七年（昭和二）六月には、人類学者の小金井良精《よしきよ》の講話「本邦先住民族ノ研究」を聴き、終了後も種々の下問がありました。

二八歳の一九二九年（昭和四）六月には、八丈島・大島から和歌山・大阪・神戸への行幸がありま す。御召艦「長門」に乗船し、大阪港に着きます。さっそく住友伸銅鋼管株式会社や大阪城（大坂城）等に向かいますが、同日に行幸がなかった新聞社、病院、寺社、学校、会社などとともに侍従を履中天皇陵、仁徳天皇陵、反正天皇陵へ差遣します。翌日以降も同様に継体天皇陵、また敏達天皇陵、用明天皇陵、推古天皇陵、孝徳天皇陵、後村上天皇陵、允恭天皇陵、雄略天皇陵、仲哀天皇陵、応神天皇陵、仁賢天皇陵、清寧天皇陵、安閑天皇陵、さらに淡路島の淳仁天皇陵へ、侍従の差遣があります。

二九歳の一九三〇年(昭和五)一二月は、景行天皇千八百年式年祭で、皇霊殿にて拝礼があり、陵所には勅使として掌典が参向します。翌年の継体天皇千四百年式年祭も皇霊殿にて拝礼、陵所に勅使として掌典の差遣があります。

三一歳の一九三二年(昭和七)の一一月には、奈良・大阪での陸軍特別大演習統裁のために行幸します。この際、神武天皇陵および期間中に式年祭にあたった明治天皇陵、また昭憲皇太后陵への参拝のほかは「陵墓」への行幸はありませんでした。行幸がなかった学校、病院、会社などとともに開化天皇陵、元明天皇陵、元正天皇陵、聖武天皇陵、平城天皇陵、称徳天皇陵、成務天皇陵、垂仁天皇陵、安康天皇陵、孝霊天皇陵、武烈天皇陵、顕宗天皇陵、孝昭天皇陵、孝安天皇陵に侍従の差遣がありま す。翌日にも、同様に崇神天皇陵、景行天皇陵、舒明天皇陵、崇峻天皇陵、綏靖天皇陵、安寧天皇陵、懿徳天皇陵、宣化天皇陵、孝元天皇陵、天武天皇持統天皇陵、欽明天皇陵、文武天皇陵、斉明天皇陵への差遣があります。以降も光仁天皇陵、後醍醐天皇陵、また反正天皇陵、仁徳天皇陵、履中天皇陵、また允恭天皇陵、雄略天皇陵、仲哀天皇陵、応神天皇陵、仁賢天皇陵、清寧天皇陵、安閑天皇陵および敏達天皇陵、用明天皇陵、推古天皇陵、孝徳天皇陵、後村上天皇陵への差遣があります。

三三歳の一九三四年(昭和九)には室戸台風の襲来があり、被害を受けた「陵墓」に対して、慰霊の思いで諸陵頭・陵墓監等に拝礼を命じています。翌年には、陸軍特別大演習および海軍特別演習統裁のため、御召艦「比叡」に乗船のうえ、鹿児島・宮崎両県下へ行幸します。この際、侍従を天津日高彦火火出見尊の高屋山上陵、天津日高彦火瓊瓊杵尊の可愛山陵へ差遣しています。宮崎では宮崎神宮、皇宮屋《こぐや》への行幸、小学校訓導作成の県内の古墳・史跡・名勝の鳥瞰図・模型を見学します。なお、美々津《みみつ》の神武東征の舟出跡は車中からの見学でした。この際、直接の参拝は、天津日高彦波瀲武鸕鷀草葺不合尊の吾平山上陵《あひらのやまのえ》に留まります。

軍務にともなう行幸においては、「陵墓」へは侍従職の差遣による代参でした。形式化していたと評価することができる一方、代参とはいえ演習の当該区域にある歴代の「陵墓」への祈りがおこなわれていたことがわかります。ただし、神武天皇陵へは直接の行幸でした。

三九歳となる一九四〇年（昭和一五）一月の講書始の国書は、京都帝国大学教授西田直二郎の「日本書紀神武天皇の御紀、橿原開都の御条・御即位の御条の一節並に御鴻業の御蹟」でした。二月一一日は紀元節祭につき、宮中祭祀で拝礼と告文を奏します。陵所へは「神武天皇即位紀元二千六百年」相当につき、神武天皇陵と大正天皇陵に奉幣の儀があり、掌典職を勅使として差遣します。六月には京都・奈良・三重各府県下への行幸があります。神武天皇陵、仁孝天皇陵、孝明天皇陵、英照皇太后陵、明治天皇陵、昭憲皇太后陵、大正天皇陵への参拝を目的としたものでした。同月、還幸して淳和天皇千百年式年祭にあたり、図書寮課長芝葛盛《かずもり》による「淳和天皇事績」の講話があったのち、皇霊殿での宮中祭祀に臨んでいます。陵所へは勅使として掌典が差遣され、陵墓祭祀をおこないます。九月には、ドイツ軍のロンドン空襲により「大英博物館炎上か」の報道に接し、文化財破壊への懸念を表明し、ドイツ・イギリスの双方に申し入れる方法はないかと内大臣木戸幸一への下問があります。

四〇歳の一九四一年（昭和一六）一一月には、舒明天皇千三百年式年祭があり、東京帝国大学助教授坂本太郎による「舒明天皇ノ御事蹟」の進講があります。そして一二月八日には米英との戦闘が始まり、アジア・太平洋戦争の戦線が拡張します。一一日には神宮（伊勢神宮）、神武天皇陵、大正天皇陵へ、一二日には仁孝天皇陵、孝明天皇陵、明治天皇陵へ宣戦奉告のため掌典が参向しています。あらためて、帝国日本の「陵墓」の存在が国家の大事と直接、結びついていたことがわかります。

四一歳の一九四二年（昭和一七）八月には、嵯峨天皇千百年式年祭にあたり、京都帝国大学文学部講師高橋俊乗《しゅんじょう》の「嵯峨天皇ノ御事蹟」の進講、一〇月には順徳天皇七百年式年祭があり、京都帝国大学助教授中村直勝の「順徳天皇の御事蹟」の進講、翌年の一〇月には孝元天皇二千百年式年祭にあたり、九州帝国大学竹岡勝也の「肇国ノ理想ノ顕現ト孝元天皇ノ大御代」と題する講話があります。例祭はもとより、式年祭は戦時下にあってもつづけられました。『実録』には、式年祭にかかる進講が記されますが、これは戦後も継承されました。該当する歴代天皇の事蹟が演題となることも同様です。式年祭は、歴史学分野の学者の見識を天皇が学ぶ機会になっていますが、ここでの問題をあえて言えば、進講者が何を語っているかということだと私は思います。

四三歳となる一九四四年（昭和一九）二月には、懸案となっていた長慶天皇陵の治定があり、ひきつづき長慶天皇陵の修理を起工します。一方、東京空襲に備えて一一月には宮中三殿を賢所仮殿西北地下の斎庫に遷します。一二月の大正天皇祭以降の各例祭や式年祭は、敗戦後に本殿に戻るまで賢所仮殿木階下でおこないました。

翌、四五年（昭和二〇）は帝国日本の敗戦の年。七月三〇日の明治天皇の例祭は、九時の予定でしたが、早朝からの空襲警報が発令中のため天皇の拝礼は中止となり、侍従の代拝になります。戦争末期に至っても、宮中祭祀はつづけられていたのです。

「陵墓」への空襲

「陵墓」への祈りという事柄からは外れますが、一九四五年八月に、大正天皇陵に空襲被害が発生したことが記されます（図1）。「午後、御文庫において宮内大臣石渡荘太郎に謁を賜い、昨二日未明の八王子・浅川方面への空襲により、大正天皇陵の陵域内にも約千発の焼夷弾が落下した旨の奏上を受けられる」とあり、翌三日には被害状況の視察、天皇・皇后の代拝として侍従の差遣があります。差遣された侍従入江相政《すけまさ》は「昨暁の立川、八王子の空襲の際浅川もやられ御陵にも被弾ありたる由、被聴召。御様子を拝見して参れとの両陛下の思召を体して予がお使に出る」と記しています[15]。

実際の被災は、墳塋下段石および周囲溝の石、石階段、石柵、小土堤土留が破損、樹葉芝草の若干が焼失したと記録されます。また、帝室林野局東京林業試験場庁舎も焼失し、図書寮分室として疎開していた宮内庁図書寮の図書一六〇〇余冊と図書寮編修課成績物の相当数（皇統譜存徴稿本二一〇余冊・明治以後皇族実録稿本一一〇余冊・皇后離宮調査書一三冊）が失われました。天皇の内心は推し量るばかりですが、大正天皇陵の例祭には皇霊殿でみずからが祈り、陵所へは山陵奉幣がおこなわれ、式年祭にはみずからが陵所に参拝する先皇の陵墓であることは言うまでもありません。

東京の西南、奥まった位置にある八王子の大正天皇の多摩陵へは、訪れた方もいらっしゃるかと思います。広大な敷地（四六万八〇〇〇平方メートル）の中にあります。慎重な検証が必要だと思いつつ、これは米軍による意図的な焼夷弾投下ではなかったかと推測します。

八王子空襲は地元の方の記録集の刊行もあり、被災状況や聞き取りも詳細です。米軍資料は空襲の目的を市周辺の軍需工場で働く労働者の家をなくし、この地点での鉄道輸送と通信系統を断つことにあると記しており、空襲の中心点は市街地に向けて北上する国道一六号と市の東西に走る国道二〇号（甲州街道）の交差点（八日町交差点）付近でした。もちろん、大正天皇陵はこの中心点から西南西約四・五キロ離れた位置にあり、半径四〇〇〇フィート（一・二キロ）の確率誤差円にも入っていません。[16]

「八王子の空襲被災概図」を見ても、被災は八日町の交差点を中心に八王子市街地に面的にまとまりますが、一方では当時の周辺市町村の浅川町、横山村、元八王子村、恩方村、川口村、加住村、由井村、由木村といった広範囲に及びます。[17] 大正天皇陵が

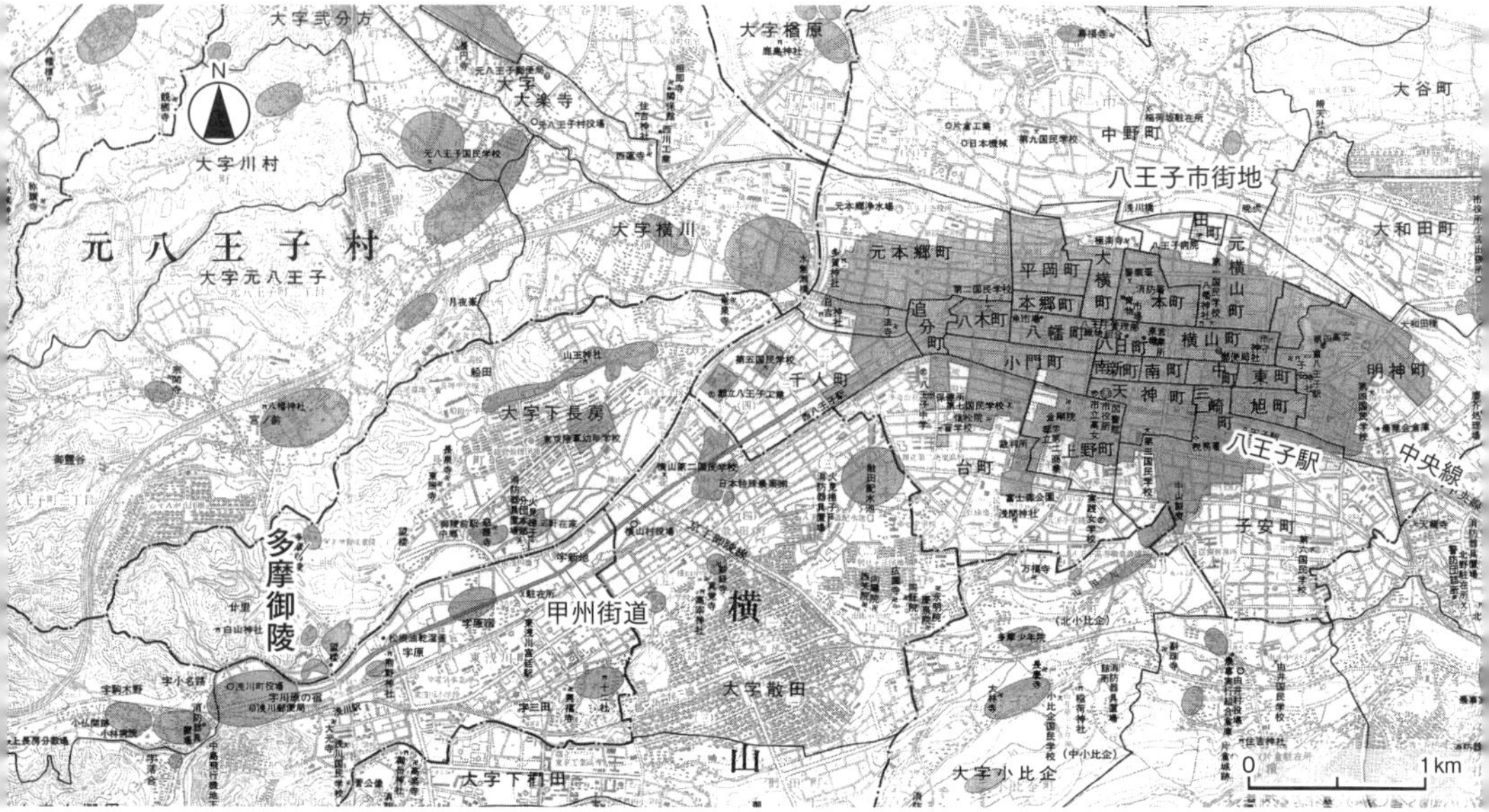

図１　八王子の空襲被災と「多摩御陵」（「八王子の空襲被災概図」『八王子の空襲と戦災の記録』八王子市郷土資料館、1985）

ある横山村（当時）でも焼失家屋一七八戸、死者は不発弾による場合を含めて二三名となりました。浅川に面した集落で多摩御陵参道の東側の三軒在家地区、大正天皇陵の南方の宮内省帝室林野局林業試験場や宮内省官舎があった廿里地区も被災していますが、大正天皇陵とは、それぞれ西へ約一キロ、北へ約五〇〇メートル、離れます。

　大正天皇陵の被災状況ですが、『八王子の空襲と戦災の記録』には地元の住民談の採録があり、陵上に焼夷弾が落下したが、陵墓西側の倉庫（儀式に使う祭具類を収納）を焼失しただけであったとしています。そして、空襲後に兵隊が陵上にも登り、焼夷弾を回収したが、広場に焼夷弾の山が三つほどできたと言います。

　先にふれましたが、大正天皇陵は、市街地からはもちろん、近在集落からも離れた位置にあります。空襲当夜は、視界無限大から8／10の変化はあったが、目標上空では半数以上の爆撃機が目視で爆撃できる条件にあったと報告されています。それだけに、集落から離れた場所にあり、家屋の密集もない陵域への焼夷弾投下に作戦上の意図を感じます。さらには、もっと高次の戦争末期における米国の戦略にもとづいた爆撃であったかもしれません。

　宮川先生の近著に一九四五年七月一〇日の堺大空襲の実体験が語られており、そのなかに大山古墳（現、仁徳天皇陵）への焼夷弾投下の紹介[18]があります。そこにあがる小山仁示《ひとし》の著作に、堺大空襲における大阪府警局の報告資料があげられています。被害状況「宮内省関係」の項目に「仁徳天皇御陵」に焼夷弾の被弾約三〇〇個、見張所・哨舎・船小屋の全焼と松五本の燃焼、「反正天皇御陵」に焼夷弾の被弾七個、松一〇本（西部中央）・松二本（後部）の燃焼の記録が紹介されています。ともに「御墳墓には異状あらせられず」と記されています。この被害は約一カ月後の八月六日の西宮空襲を伝える毎日新聞（七日付け）に「堺両御陵御被弾、御墳墓には御異状拝せず」の見出しで報じられ、記事中には「道義を弁えぬ暴爆で、その鬼畜的行為は憎みてもあまりあるもの」とあります。小山は報道が遅れたことに疑義を呈し、兵庫県下の西宮空襲に関連づけることで敵愾心の高揚を計ったのではないかとしています。[19]私自身、この記述に関心を抱いていたところ、二〇一八年一一月の宮内庁書陵部が実施した大山古墳の第一堤の発掘調査で、焼夷弾がみつかりました。

堺市街地から離れた大山古墳の被弾に対する一般的な理解は、空襲の帰路にB29爆撃機の機体を軽くするために焼夷弾を落としていったのだろうとされているようですが、この場合も「陵墓」への爆撃を意図したのではないかと憶測します。もっとも『実録』には被弾直後の奉告や被害状況に関わる記事はみえません。しかし、ほぼ丸一年後の一九四六年（昭和二一）七月一二日に、前年の空襲による被害を受けた「仁徳天皇陵及び安徳天皇陵」の慰霊のため図書頭の差遣があります。

「陵墓」への戦争終熄奉告と「陵墓」の継続

皇祖皇宗への戦争終熄の奉告は、一九四五年九月三日午前に宮中三殿に天皇出御のうえでおこなわれます。次いで同日午後に神宮、先皇前三陵、先皇に勅使として差遣される三名の掌典への謁があります。いずれも九月上旬には参向して、復命しています。七日には諸陵寮作成の「御陵墓空襲総括報告」を見るとあります。翌一〇月には世伝御料解除を議題とする枢密院会議が開催されます。皇室財産の戦後処理が皇室法の議論に先行して始まりますが、これに併行して祈りの場としての「陵墓」の継続が検討されていたのではないでしょうか。

一一月二九日には、神代三陵とすでに天皇参拝があった神武天皇陵、明治天皇陵、大正天皇陵を除く歴代天皇一一八陵への代拝のため、皇族に差遣を命じています。天皇は先立つ一三日に神宮、一四日に神武天皇陵と明治天皇陵に行幸、一五日に還幸、一七日に大正天皇陵へ行幸していました。

その経過を辿ってみます。まず一一月一日午前に、その他の歴代「陵墓」への侍従の代拝の是非について皇后宮大夫兼侍従次長の木下道雄に下問があり、翌二日夕刻に侍従三名による代拝が奏上されましたが、一六日午前には木下を召して、侍従に代わり皇族を差遣する是非について下問があります。退室後、木下と宗秩寮《そうちつりょう》総裁・宮内次官・宮内大臣・内大臣の協議があり、再び木下が拝謁して皇族の差遣に支障はないことを答えています。その他の歴代「陵墓」への代拝のあり方をめぐって慎重な内部検討がおこなわれていたことを示しますが、『実録』は侍従から皇族への変更理由をとくに記してはいません。皇族の差遣は、宣仁親王、崇仁《たかひと》親王（のちの三笠宮）のほか五名となる前例のない参拝でした。もっとも、木下は『側近日誌』に天皇と皇族との関係を密にすること、軍籍を離れた皇族の業務とすること、天皇が皇族を支配することを可とすることが、右の協議結果であったことを明かしています。

二九日の皇族の差遣にあたり天皇は、戦争の結末についてはみずからの不徳であり「歴代山陵」へのお詫びと日本の今後の復興に対する加護を祈る旨であり、なお国民と皇室との親しい結び付きにも効果を望む旨であると述べています。祈りは過去における国事の報告と国の将来への加護にあるということであり、それを皇祖皇宗の「山陵」すべてに奉告することに意味があったわけです。この場合、その裔となる天皇に血縁上に関係づく皇族による行為でなければならないと判断したのでしょうか、「陵墓」の存在意義を明徴させた空前絶後の参拝でした[20]。皇族七名は一二月上旬までに参向して復命を済ませています。除くとなっていた神代三陵への差遣もありました。崇仁親王が参向しています。「陵墓」のあり方を具体的に示すことで、歴代天皇の「陵墓」を〝終戦後〟も継続する昭和天皇の意思がここに明確にあらわれていると考えます。GHQによるいわゆる神道指定の発令が一二月一五日、皇室祭祀令改正の上奏書類への署名が一二月二四日ですから、右はそれに先行しておこなわれたことにも注意しておきたいと思います。

皇居内発掘調査の見学や科学委員会等の開催

一九四六年（昭和二一）一〇月、明仁皇太子が学習院中等科の学友とともに千葉市荒屋敷《あらやしき》貝塚で発掘体験をします（**図2**）。皇太子の発掘体験のための調査が計画されたということです。調査を担当した酒詰仲男は著作に、出土遺物を並べて皇太子や学友に説明する姿を載せています。計画を依頼したのは、学習院教授（当時）の三上次男でした。三上の依頼を受けた酒詰は、幼い皇太子に、古い時代の歴史を科学的に把握する癖をつけることは結構なことと考え、引き受けることにしたと述懐しています[21]。

一九四九年（昭和二四）四月一三日夕刻に昭和天皇（四八歳）と良子皇后が、皇居の旧本丸西方貝塚の発掘調査現場を見学しています（**図3**）。調査期間は四月一一日から五月二〇日、縄文前期から晩期の貝塚遺跡です。元東京帝国大学教授長谷部言人《ことんど》と助教授鈴木尚が指導し、講師（当時）の酒詰仲男が調査主任でした。五月二日午後にも天皇と皇后の見学がありました。四年後の一九五三年五月、日本貝類学会創立二五周年記念「貝類特別展」に臨み上野の国立科学博物館に行幸しますが、ここでまた酒詰は日本の貝塚貝類研究について説明しています。生物学者でもあった昭和天皇の学術上の関心があったと思いますが、妻の酒詰静枝による前掲書のはしがきには「(略)調査のみぎり、再度両陛下の行幸啓を仰いでじきじきのお言葉をたまわり、科学者としての陛下の御下問にこたえた。とうと

図 2　荒屋敷貝塚で明仁皇太子に説明する酒詰仲男（酒詰治男氏提供）

図 3　皇居旧本丸西方貝塚で昭和天皇・皇后に説明する酒詰仲男（酒詰治男氏提供）

う天皇陛下にほんとうのことを申し上げられたよ」と感涙したと記しています。酒詰の専攻は「先史考古学」ですから、この「ほんとうのこと」とは『古事記』『日本書紀』の神話によらない日本列島の人類史についての科学的説明を自覚しての言とみて間違いないでしょう。

『実録』の記述に戻ります。皇居内の貝塚の発掘調査があった一九四九年の一一月九日午前には、元東京大学教授和辻哲郎・国立博物館陳列課長石田茂作・文部事務官原田治郎・聖心女子大学教授原田淑人《よしと》が招かれ、花蔭亭《かいんてい》で日本古代の文化財に関する座談会形式の進講があり、皇后とともに聴講します。午後には、表拝謁の間で翻訳者石川欣一からエドワード・シルヴェスター・モースの『日本その日その日』の内容についての進講を皇后とともに受けています。進講の内容は、モースの日本への貢献と日本人に関する記述についてだったと記します。

一九五〇年（昭和二五）六月一九日に、歴史分野の科学委員の合同進講が花蔭亭にて開催されます。科学委員は一九四八年五月にはじまり、理科系有識者で構成したと記しますが、歴史分野の科学者も加わっています。一方、人文系有識者は文化委員の名で進講しました。哲学者や文学者、法学者があたっています。平和国家建設のために修養したいという天皇の意向により開かれました。当日の進講者は東京大学教授山中謙二・坂本太郎・和田清・千葉大学講師丸山二郎・一橋大学教授上原専禄、以降、連続して合計五回催されました。第一回（当日）は山中の宗教改革について、第二回（二三日）は坂本の年中行事より見たる皇室と国民について、第三回（二六日）は上原の西洋における歴史学の展開について、第四回（七月三日）は丸山の西南戦争前の鹿児島の情勢について、第五回（七月七日）は和田の支那文明の起源についてでした。次いで一一月一七日には明治大学創立七〇周年式典に臨席した際、展示室にて明治大学教授後藤守一《しゅいち》の説明で、登呂遺跡の模型および出土品などを見学していま す。一九五一年（昭和二六）五月八日にも、歴史分野の科学委員の合同進講が花蔭亭にて開催されました。以降、九月二八日までの合計五回に及びます。この際の科学委員は、学習院大学教授児玉幸多・東京大学教授三上次男・東京教育大学教授家永三郎・東京大学教授村川堅太郎が出席しています。

一九五四年（昭和二九）一〇月五日は「日本人の起源について」を題目に座談会形式の合同進講が花蔭亭でおこなわれます。進講者は東北大学名誉教授長谷部言人・東京大学講師 山内清男《やまのうちすがお》・東京芸術大学教授藤田亮策・明治大学教授後藤守一・東京都立大学教授岡正雄が務めています。第一回（当日）は長谷部による日本人の南方起源について、第二回（翌六日）は山内による縄文時代と文化、第三回（八日）は後藤による弥生時代と古墳時代、第四回（一二日）は藤田より日本と東アジア・ユーラシア各地の古代文化との比較、第五回（一三日）は岡より民族からみた日本民族の起源についてでした。進講ばかりではなく、討論もありました。出席者は人類学、考古学、民族学を専門とする学者たちです。物質文化を対象とすることが多い学問領域にありますが、その意味では先に催された合同進講とは異なるものになったと思います。

進講者の一人、岡正雄が座談会形式の進講の様子を語る一文を遺しています。進講は一人一時間、その後に一時間ないし一時間半の自由討論があり、天皇も気軽に発言したと記しています。「話の骨子は、座談会の内容[22]と変わらないもので、皇室の種族的系統につき、また皇室の本来の神話的主神はタカミムスビノカミで、アマテラスオオミカミではないと思うことなど、いろいろ私の自説をそのままに申しあげた。天皇はまったく科学者の客観的な態度でお聴きくださって、また二、三のご質問もあった」と、進講内容とその後の討論を記したうえで、「私が私の「論文[23]」をドイツ語のままにしておいた、何分の一かの理由も、日本語での発表はとうてい許されるべくもなかったからであった。世の中は、ほんとうに変わったものと思うのである」と、付け加えています。天皇の発言がどのようなものであったかを、直接に知ることはできませんが、この一文に天皇の関心や質問の内容を読むことはできるでしょう。

敗戦後一〇年ほどの間、戦前の天皇制の軛から解き放たれた科学を天皇みずからが積極的に学んだ時期でした。科学者の専門領域によって内容が異なることは当然ですが、人類学、考古学、民族学の成果にもとづき「日本民族の起源」や「天皇家のルーツ」を究明しようとする当時の学界の趨勢がそのままに、天皇の前で語られたことは想像に難くありません。さらに、付け加えると、天皇の臨席の場でも科学の真理追究の前提となる自由に議論することが担保されていたことは、酒詰や岡の述懐からうかがい知ることができます。

高松塚古墳への行幸──被葬者への関心

一九七二年（昭和四七）三月二一日、奈良県明日香村の高松塚古墳で壁画が発見されました。大きく報道されますが、飛鳥にある終末期古墳でもあり、学術調査成果が十分に示されないうちから、いわゆる「被葬者さがし」「宝さがし」が社会の関心事となりました。間髪をいれずそれは高松塚古墳に留まることなく、「陵墓」に向かうことになります。

同月三一日付けの読売新聞夕刊には「御陵調査文化庁も要請」という大見出しが打たれました。

「陵墓」のうちに古墳が含まれていること、それらに対する正式な学術調査がなされていないことを市民社会が認識していたという下地があってのことでしょう。二九日付けの日経新聞に、皇室の陵墓を丁寧に扱うということと、学術的な研究対象とすることはなんら矛盾しないという当時、自民党総務会長だった中曽根康弘の談話が載っています。また、産経新聞が「陵墓」の文化財指定についての「一〇〇〇人アンケート」の結果を四月一日に報じています。「陵墓」も文化財に指定して発掘調査するほうがよいと答えた国民は、七九・四パーセント、否定したのは一一・五パーセントでした。

「陵墓」の①学術と②祭祀に対して国民的合意形成を前提に、外に開くための準備を方向付ける絶好の機会でした。しかし、対立構図が先鋭化したために障壁は高くなり、超えられずに今に至っています。三〇周年記念シンポジウムの際にも紹介していますので、詳細はそれによられたいと思います[24]。

それでは、昭和天皇は高松塚古墳の存在をどのように捉えたのでしょうか。七八歳の一九七九年（昭和五四）一二月三日、地方事情視察のために奈良県へ行幸します。奈良県庁で太安萬侶墓誌と真珠、大和郡山市稗田《ひえだ》遺跡出土の人面墨書土器を見学した後、奈良市役所玄関ホールの平城京の復元模型を見学します。そして、聖武天皇陵と光明皇后陵を参拝します。次いで正倉院に行幸して二首の歌を詠んでいます。

遠つおやのいつき給へるかずかずの正倉院のたからを見たり

冷々としたるゆふべに校倉のはなしをききつつ古を思ふ

翌四日、飛鳥に向かい、国営飛鳥歴史公園の甘樫丘に立ち、大阪大学名誉教授犬養孝《たかし》の持統天皇歌をはじめとする万葉歌の朗詠と説明を受け、西方の金剛・葛城山系また「大津皇子墓」のある二上山、北方の藤原宮跡、天香具山、三輪山、東方から南方の「飛鳥板蓋宮伝承地」（現在の史跡名は、飛鳥宮跡）、「大原の里」方面を望んでいます。その際の歌があります。

丘に立ち歌を聞きつつ遠つおやのしろしめしたる世をししのびぬ

いわば「国見」の場所にあって、万葉歌に誘われ、遠い先祖が御宇した「御代」を深くしのぶ心象を歌にしていいます。当然のことかもしれませんが、歴代天皇を通じて自身が古代とつながっているという高まる心持ちが現われているのではないでしょうか。ちなみに私は、飛鳥の発掘調査現場を担当していましたので、甘樫丘に黒塗りの自動車の車列が登って行くのを、調査機器を使って確かめていた記憶があります。

そして、この後に高松塚古墳へ向かいます。到着後、降車の際には隣接する文武天皇陵を遥拝します。高松塚壁画館では奈良県立橿原考古学研究所長末永雅雄・元愛知県立芸術大学教授守屋正の説明で、石槨の復元模型と複写壁画を見学します（図4）。その際、被葬者の身分などについて質問していいます。つづいて横口式石槨内に入り、文化庁美術工芸課長西川杏太郎と末永から壁画の説明を受け、天皇はオペラグラスを用いて見学しました。そして、乗車の際、再び文武天皇陵を遥拝します。高松塚古墳と文武天皇陵は指呼の距離にあります。念のため言い添えますと、現在、治定の文武天皇陵の考古学情報は少ないものですが、私は栗原塚穴古墳と呼んでおり、終末期古墳のひとつだと思います。翌五日は法隆寺、中宮寺へ行幸し、同日に還幸していいます。

高松塚古墳に関わる天皇の問いですが、末永の著作からその質問内容を知ることができます。①壁画人物の服装表現から何が考えられるか、②民族的な見解が出ないか、③被葬者は天皇級か、そうでなくてもどのような身分の人か、④古墳の石材はどこからとってきたか、というものでした[25]。先にあげた敗戦後一〇年ほどの間、壮年期の昭和天皇が科学者との座談のなかで得たであろう知識に喚起された質問であったと推量します。それは天皇家の先祖への学術的関心であり、古代日本の民族上の具

奈良県立橿原考古学研究所長　末永雅雄による「高松塚壁画館」での説明。

高松塚古墳を見学後の昭和天皇。

図4　高松塚壁画館と高松塚古墳を見学する昭和天皇
（共同通信社提供）

体像についての関心です。高松塚古墳は元禄修陵で、文武天皇陵に考定されています。天皇の関心の範疇に、現治定の正否が含まれていた可能性もあったのではないでしょうか。

5　今後にむけて

一九四七年の皇室祭祀令の廃止により、宮中祭祀は皇室の私的祭祀となりました。それにともなう陵墓祭祀も同様です。今日の陵墓祭祀の私的祭祀としての位置づけの具体例を、福尾正彦氏が示しています。たとえば天皇・皇族の命日にあたり「陵墓」で実修される正辰祭の榊料は、従前は宮廷費から出費していたところ、一九四九年に図書頭から皇室経済主管あてに内廷費での支弁を願い、以降はそれに従って実施されます[26]。

「陵墓」は、戦後も祈りの場として存続しました。宮内庁は、祈りの場としての「静安」(「静謐」と「安寧」などと言われることもある)と「尊厳」の保持こそが重要であると解説し、それが「陵墓の本義」であると説いています。過去の国会答弁では、公開や調査を拒否する根拠として「生きている墓」とも説明しています。確かに陵墓祭祀はおこなわれていますが、「陵墓」が祈りの場として不変のままで戦後もありつづけているか、という点を考えてみます。

ⓐ—「陵墓」への祈り(の実修)は、宮中祭祀に紐付けられていますから基本的に戦前、戦後を通じて不変です。他方、ⓑ—天皇行幸と「陵墓」(わけても歴代天皇陵)の関係には、変化があります。例と

して、ⓑに関わる仁徳天皇陵への参拝をあげます。皇太子時代に一度、天皇となって戦後に二度の合計三度、仁徳天皇陵への直接の行啓および行幸がありました。

最初の参拝は、皇太子となった翌年にあたる一九一七年（大正六）五月でした。立太子礼終了奉告は、前年の一二月。神宮、神武天皇陵と先帝、先帝前三代と先后の各陵墓に行啓のうえで参拝を済ませています。そして翌年、仁徳天皇陵ほか歴代「陵墓」へ直接、参拝します。皇祖皇宗の天皇歴代に対する臨地学習の性格があったとみます。一六歳の裕仁皇太子は、その裔に列なることを実感したことでしょう。

次は一九二九年（昭和四）六月の関西行幸です。大阪城の大手前広場での奉迎式典や提灯行列に臨みますが、仁徳天皇陵への行幸はなく、大阪市周辺の新聞社や学校、神社、会社とともに百舌鳥三陵への侍従の差遣があります。他日には、府下にある他の歴代「陵墓」への差遣があります。代拝とはいえ、ⓑに関わります。三回目は、一九三二年（昭和七）一一月の陸軍特別大演習統裁のための奈良・大阪行幸です。この際も前例と同じく直接の参拝はなく、侍従の差遣でした。奈良県下、大阪府下の歴代「陵墓」に対しておこなわれます。

一九三四年（昭和九）の室戸台風での被害や一九四六年（昭和二一）の前年の米軍空襲の被害に対しては、慰霊があります。「陵墓」の戦後への継承に重要な意味をもつ一九四五年の戦争終熄奉告は、朝香宮鳩彦《やすひこ》王の代拝でした。仁徳天皇陵への直接の行幸ではありませんが、「陵墓」が歴代天皇陵としての存在を発揮するという意味では、ⓑに関わります。

戦後の参拝は、一九四七年（昭和二二）六月の地方状況視察のための関西巡幸時です。堺市庁舎の屋上から、地図をみながら市域の戦災状況を展望した際に、仁徳天皇陵・履中天皇陵・反正天皇陵を遥拝します。しかし、後日を含めて府下の歴代「陵墓」への代参はありません。次は一九七〇年（昭和四五）七月の日本万国博覧会会場および地方事情の視察のための大阪行幸啓でした。皇后とともに、直接、参拝して玉串を奉奠しています。午前に住吉大社、大阪護国神社、大阪府臨海センターへの行幸があり、仁徳天皇陵は午後の参拝でした。近くの履中天皇陵、反正天皇陵への行幸は日程に入っていません。この際も府下の歴代「陵墓」への代参はありません。最後の参拝は、一九八六年（昭和六一）五月の第三七回全国植樹祭の臨場、あわせての地方事情視察の際です。裕仁天皇は八五歳になっていました。仁徳天皇陵への参拝の後、会場となる大仙公園に臨席、その後は大阪府立母子総合医療センターを視察しています。この際も府下の歴代「陵墓」への代参は記されていません。

つまり、戦前は直接の参拝はなくとも「陵墓」が置かれた地方への行幸に際しては、侍従を差遣して代拝するかたちで、皇祖皇宗への祈りが歴代「陵墓」において実修されました。敗戦直後、皇族の代参による戦争終熄奉告の際に天皇が示した祈りの内容は、「陵墓」において国家（「皇国」）の加護を祈るというものです。祈りの内容の明示に加えて、国民（「臣民」）と皇室との親しい結び付きの効果に言及しているわけですが、社会的意味においても変革期に起きた動きとして重要です。その後の行幸では、視認範囲にある「陵墓」への遥拝はありますが、歴代天皇陵への代参はありません。ここにⓑのあり方は変化しています。

ⓐの皇霊殿でおこなわれる宮中祭祀に紐付いた陵墓祭祀は、内廷費を用いて現在もつづけられています。皇室祭祀令が廃止された現憲法下においても、皇室の祭祀は実質上温存されました。先学は

「残された宮中祭祀」などと評しています。[27] 他方、ⓑですが、「陵墓」個別への行幸はあっても、そこに歴代天皇陵に結ぶ祈りがないというのが現在のすがたです。皇祖皇宗の確認はⓐの「陵墓」への祭祀の実修においてなされますが、ⓑでは天皇歴代からは個別化しています。

高松塚古墳行幸において、指呼の位置にあるも参拝がなかった文武天皇陵に対して、行き帰り二度の遥拝がありました。その祈りで「遠つおや」の存在と自己のつながりを天皇は確認したのかもしれませんが、とくに陵所に直接臨んで、それを歌に詠んだわけではありません。後年にも、歌に託して「遠つおや」と自身のつながりを明示しています。[28] この際は「大和路」でした。先に述べた甘樫丘で詠んだ場合も「飛鳥」という地域空間に身を置き、「古代」という過去の時間に遡上させるなかで「遠つおや」と自己のつながりを明示しました。「陵墓」は「遠つおやのしろしめたる」を構成するひとつですが、直接はその媒体になってはいません。

ちなみに、高松塚古墳と天武・持統天皇陵、また欽明天皇陵は、低い丘陵を越えれば至近距離にありますが、参拝することはありませんでした。神武天皇陵も自動車で十数分の距離ですが、参拝はありませんでした。まことにこの際の行幸先は古代の飛鳥であり、その典型としての高松塚古墳でした。「陵墓」は目的外だったわけです。ⓑにおける戦後期の「陵墓」は個別化し、天皇の行幸―遷御の毎度に皇祖皇宗の存在を確認する視覚装置としての役割を負っていないということです。念のためにくり返しますが、これは天皇行幸という行為に派生する祈りの場としての「陵墓」の役割という意味です。

そこで注意すべきは特定「陵墓」の特別視です。ふたたび仁徳天皇陵をあげると、日本列島最大の超大型前方後円墳としての評価は、大山古墳に対する学術上の観点から得られた評価であって、仁徳天皇の事蹟とは区別されます。仁徳天皇の実在性も、聖帝とされる事蹟の評価も、その事蹟が「陵墓」に反映することも、そもそも古墳時代の「陵墓」の存在自体も、いずれも現代の科学において証されたものではありません。従って仁徳天皇を大山古墳に箇所づけした評価には注意が必要です。社会に誤解を与える発信を研究者は元より、行政がしてはなりません。個別化とは、実はⓐの拡張による特定「陵墓」の人格化であり、さらにⓑの代替としての古墳の擬人化であると言ってもよいと思います。その科学的根拠のない顕彰は歴史修正主義に容易に陥るでしょう。ⓐとⓑにつづくⓒの登場です。「仁徳さん」と言って地元では親しまれているという言い回しがあります。「陵墓」の現状をおおむね首肯する文脈で発せられることが多いわけですが、今、述べた陥穽にはまることにつながらないか。「陵墓」を含んだ世界文化遺産の登録が、課題を隠したうえでの誤った導きにならないように注意したいと思います。

　以上、「陵墓」の日常は、はたして万古不易の祈りの場だろうか。一面的、一元的でもない。ここに「陵墓」を公開する芽があるのではないかと考えます。

注

（1）今尾文昭「考古学からみた律令期陵墓の実像」『日本史研究』五二一、二〇〇六年（のち『律令期陵墓の成立と都城』青木書店、二〇〇八年に所収）。

（2）今尾文昭「幕末維新期における飛鳥猿石の所在空間」『河上邦彦先生古稀記念献呈論文集』二〇一五年。

（3）天理大学文学部歴史文化学科歴史学専攻『天理市渋谷町有文書調査報告書』二〇一六年。
（4）宮地正人「序論天皇制イデオロギーにおける大嘗祭の機能」『歴史評論』四九二、一九九一年（のち『天皇制と歴史学―史学的史的分析から―』本の泉社、二〇一九年所収）。なお、同書の注によれば「神かくし」の表現は中島三千男氏によるものを借用したとある。
（5）森　浩一「仁徳陵から大山古墳へ―私の考古学人生と陵墓―」『日本の古墳と天皇陵』同成社、二〇〇〇年。
（6）今尾文昭「世界遺産候補「百舌鳥・古市古墳群」の天皇陵古墳名称を問う」『世界』二〇一七年一〇月号、岩波書店、二〇一七年。
（7）今尾文昭「天皇陵古墳をどのように呼ぶか―森浩一の軌跡と先駆的役割―」『世界遺産と天皇陵古墳を問う』思文閣出版、二〇一七年。
（8）甘粕　健「限定公開の発端と公開二〇年の学問的成果」『日本の古墳と天皇陵』同成社、二〇〇〇年。
（9）久世仁志『世界遺産百舌鳥・古市古墳群を歩く』創元社、二〇一九年。
（10）後藤　真「陵墓公開運動のこれから」『「陵墓」を考える　陵墓公開運動の三〇年』新泉社、二〇一二年。
（11）今尾文昭『天皇陵古墳を歩く』朝日選書、二〇一八年。
（12）高木博志「陵墓の近代と「国史」像」『「陵墓」を考える　陵墓公開運動の三〇年』新泉社、二〇一二年。
（13）岡田精司「前近代の皇室祖先祭祀―「陵墓」と御黒戸祭祀」『「陵墓」からみた日本史』青木書店、一九九五年。
（14）半藤一利・保阪正康・御厨貴・磯田道史『「昭和天皇実録」の謎を解く』文春新書、二〇一五年。原　武史『「昭和天皇実録」を読む』岩波新書、二〇一五年。
（15）入江為年監修『入江相政日記　第一巻』朝日新聞社、一九九〇年。
（16）奥住喜重『米軍新資料　八王子空襲の記録』揺籃社、二〇〇一年。
（17）八王子郷土資料館編『八王子の空襲と戦災の記録〈総説編〉』八王子市教育委員会、一九八五年。

(18) 宮川 徏『よみがえる百舌鳥古墳群―失われた古墳群の実像に迫る』新泉社、二〇一八年。
(19) 小山仁示『改訂 大阪大空襲【新装版】』東方出版、二〇一八年（初版一九八五年）。
(20) 香川県の崇徳天皇陵と兵庫県の淳仁天皇陵への代拝は、竹田宮恒徳《つねよし》王がおこなった。竹田恒徳『雲の上、下思い出話』東京新聞出版局、一九八七年によれば、昭和天皇の意向は「終戦という、わが国未曾有の大事を、ご先祖である歴代天皇の御陵に報告し、これからの日本を守っていただく請願をしたい」というもので、百二十三代の歴代天皇陵にみずから親しく参拝したいが情勢をみるに、神武天皇陵・明治天皇陵・大正天皇陵は自身で報告をして請願をするが、そのほかは代参を頼みたいというものだったという。竹田宮はつづけて、「これはまことに異例中の異例」、「これまでもなかったし、それ以後にもない」と回顧している。
(21) 酒詰仲男『貝塚に学ぶ』學生社、一九六七年。
(22) この座談会は一九四八年五月に、東京神田の喫茶店で岡正雄（民族学）・八幡一郎（考古学）・江上波夫（東洋史学・考古学）によりおこなわれたもの。石田英一郎（民族学）の編集で「日本民族＝文化の源流と日本国家の形成」と題して『民族学研究』一三―三、一九四九年に発表されたのち、岡正雄・石田英一郎・江上波夫・八幡一郎『日本民族の起源』平凡社、一九五八年として刊行。本書は「日本人はどこから来たか、ないしはどうして形成されたかという疑問に、少なくとも一応の結論を出して見ている」と、石田は序（前掲書「九年の後に」）に記している。進講の様子を記す岡の一文はあとがきにでてくる（前掲書「二十五年の後に」）。
(23) 岡正雄が一九三三年にウィーン大学に提出した論文「古日本の文化層」のこと。
(24) 今尾文昭「埋蔵文化財行政と宮内庁陵墓」『「陵墓」を考える 陵墓公開運動の三〇年』新泉社、二〇一二年。
(25) 末永雅雄『高松塚行幸記』雄山閣、一九八四年。
(26) 福尾正彦『陵墓研究の道標』山川出版社、二〇一九年。

(27) 村上重良『天皇の祭祀』岩波新書、一九七七年。高橋紘「解説―昭和天皇と『側近日誌』の時代」(木下道雄『側近日誌』)文藝春秋、一九九〇年。原武史『昭和天皇』岩波新書、二〇〇八年。

なお「陵墓」については、一九四五年の日本国憲法施行にともなう現在の皇室典範第二七条(陵墓)に規定されるが、その附則三に「現在の陵および墓は、これを第二七条の陵及び墓とする」とあり、前近代・近代に治定されたまま、実質上、継続化ならびに固定化されて今日に至っている。

(28) 一九八五年の歌会始は「旅」という題で、次の歌を詠む。

遠つおやのしろしめしたる大和路の歴史をしのびけふも旅ゆく

前年一〇月に奈良県内を主会場に開催された「わかくさ国体」に昭和天皇は行幸し、薬師寺・唐招提寺・平城宮跡・大神神社を訪れたが「陵墓」への参拝はなかった。

【報告】

大仙古墳は允恭（倭王済）墓である

岸本直文

最初にお断わりしておきますが、私は百舌鳥・古市古墳群とは言いません。古市・百舌鳥古墳群が妥当だと思っています。また、仁徳陵古墳・仁徳天皇陵古墳も使いません。以下、大仙《だいせん》古墳で通します。今日は大仙古墳をとり上げて被葬者を考えてみたいと思います。

1　大仙古墳の墳丘と出土遺物

仲津山古墳をもとにした墳丘

まず大仙古墳について、知られている情報をまとめておきます。まず墳丘です。図1右は、空中レ

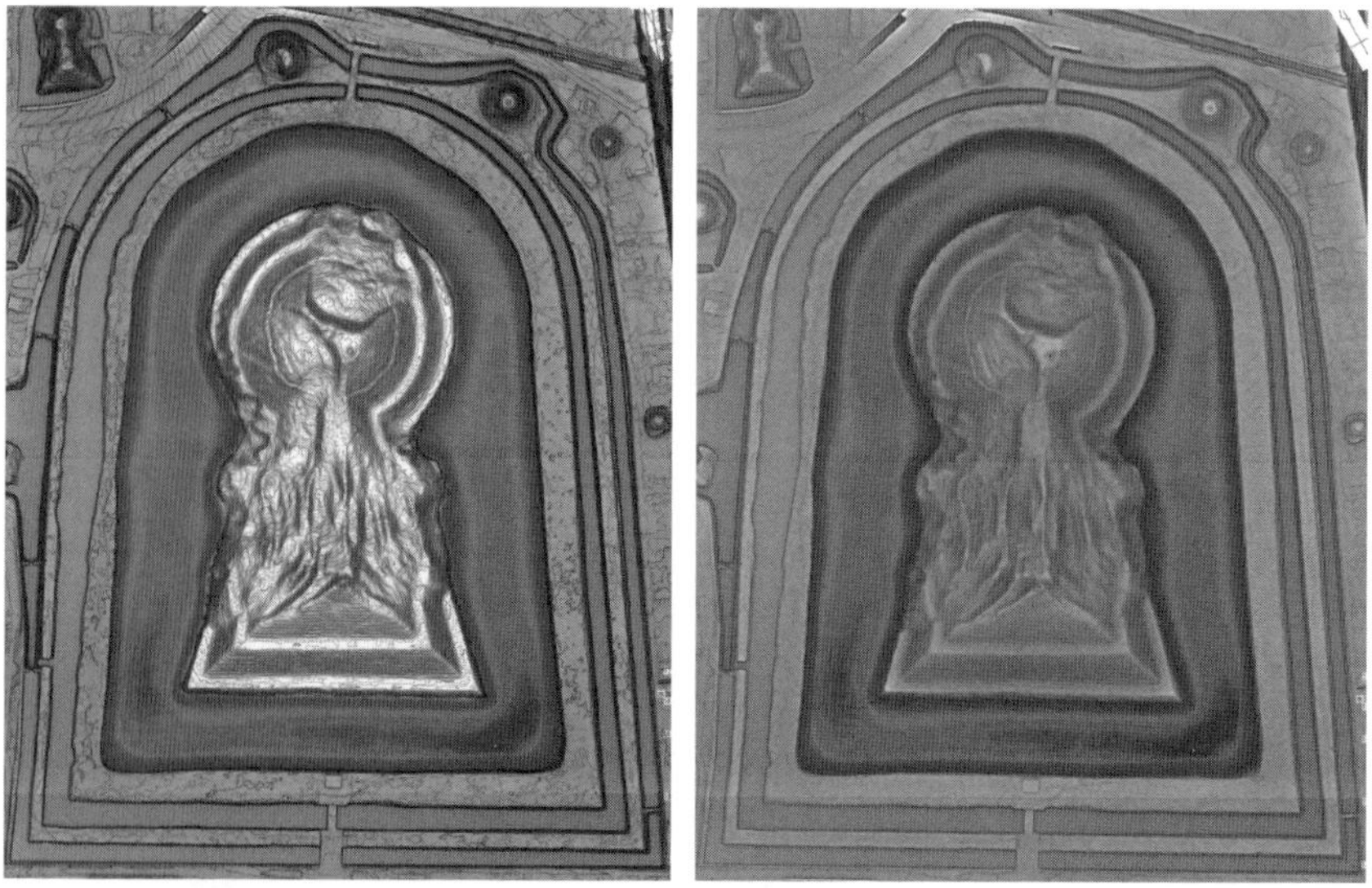

図1　大仙古墳の墳丘　1/12000（右：徳田誠志「仁徳天皇 百舌鳥耳原中陵第１濠内三次元地形測量調査報告」『書陵部紀要』第69号〔陵墓篇〕、宮内庁書陵部、2018、第40図／左：右図に『百舌鳥古墳群測量図集成』百舌鳥・古市古墳群世界遺産保存活用会議、2015、P5を重ねる）

ーザー測量で作られた3Dモデルによる赤色陰影図で、大仙古墳の後円部や前方部がいかに崩れているのかが、よくわります。一方で、二面のテラスが分断されながらめぐっていることも見てとれます。加えて、最近、宮内庁書陵部が濠内の音波探査をし、水面下に堤や墳丘の斜面がつづいていく様子がわかってきました。**図1**右は両者を合成したものです。[1] **図1**左には、等高線図を重ねました。[2]

私は、以前から大仙古墳は古市古墳群にある仲《なか》津山《つやま》古墳をもとにしてつくられた次世代の王墓と考えてきました。この二つは、周濠のある古墳としては両極端の姿をしています。仲津山古墳は国府台地にあって周濠は滞水せず空堀状態ですが、一方の大仙古墳の周濠には満々と水がたたえられています。しかし、水が溜まる溜まらないは、地質的な問題です。大仙古墳は下段の大部分が水没しているために、水面より上に現れている墳丘は本来の形態より細くなっています。したがって、築成された墳丘すべてが露呈する仲津山古墳と比較すると形態が異なるように見えますが、水面下の下段を復元的に考えると、両者はよく似ています。両者を二面のテラスで合わせると、上段・中段の墳丘だけではなく、周濠外縁の

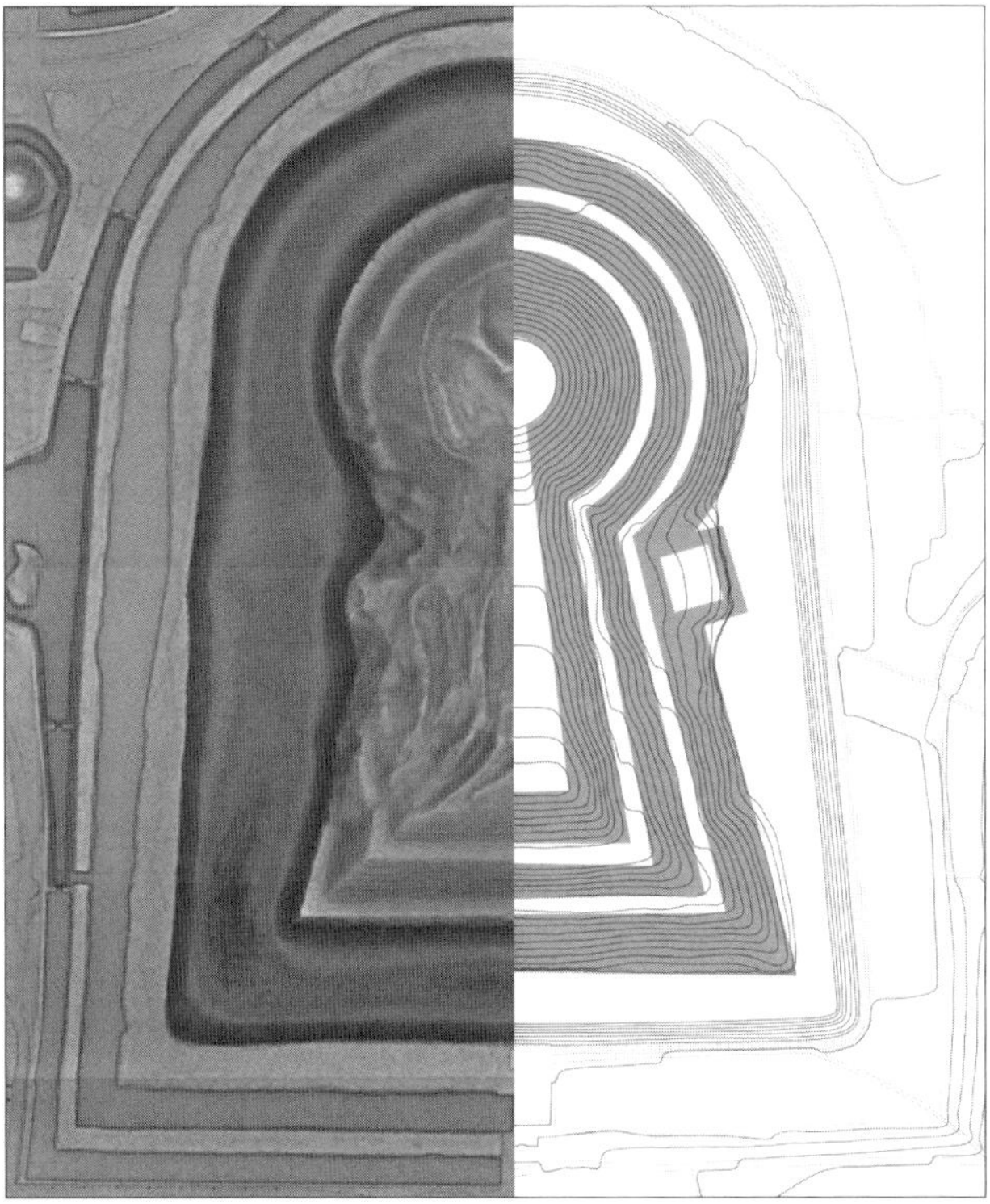

大仙古墳
360歩＊　1/7792

仲津山古墳
210歩　1/4200

図２　仲津山古墳から大仙古墳へ（右：末永雅雄『古墳の航空大観　陵墓図』学生社、1975、K11をトレース／左：図１右に同じ）
＊＝南朝尺

盾形の形状も一致します（図2）。そして、先ほどもふれたように、音波探査の画像を見ると、仲津山古墳の下段に対応するように、大仙古墳の下段斜面が水面下に現れています。

大仙古墳については、誉田御廟山《こんだごびょうやま》古墳の胴部を引きのばして成立したとの見方がありますが（上田宏範・一瀬和夫）、そうではありません。仲津山古墳の仕様をもとに、規模を拡大し、前方部を後円部と同等まで高める仕様に設計しているのです。

こうした比較にもとづき、私は仲津山古墳の後円部と前方部の端部位置から、大仙古墳の墳丘長は五四〇メートルあるだろうと推定してきました。音波探査でも、濠底には土砂が堆積しているため、段丘を掘り込んで削り出された築造当初の墳丘規模はまだわかりません。しかし、それでも現状の濠底に至る墳丘斜面がとらえられ、五二〇メートル程度までのびることがわかりました。濠底が堆積土で埋まり、見えなくなっている下段がさらにつづくと考えて間違いありません。仲津山古墳の墳端を参考にして、大仙古墳の墳丘復元図を示しておきます（図3）。メッシュは、南朝尺（一尺＝二五センチメートル）の六尺＝一歩を単位とする、一〇歩のメッシュです。五四〇メートルは、ちょうど南朝尺による三六〇〇歩になります。

大仙古墳出土の埴輪と須恵器

次に出土埴輪です（図4）。これまで宮内庁が報告している埴輪として、大型径・中型径・小型径の円筒埴輪、そして朝顔形埴輪があり、形象埴輪では馬形・水鳥形・人物形などが知られています。(3)

埴輪は窖窯《あながま》焼成で、二次調整は静止痕間隔の狭いBc種ヨコハケが主体で、静止痕が傾くBd種ヨコハ

図 3　大仙古墳の墳丘復元　1/5000（図 1 左に10歩メッシュ、筆者作成）

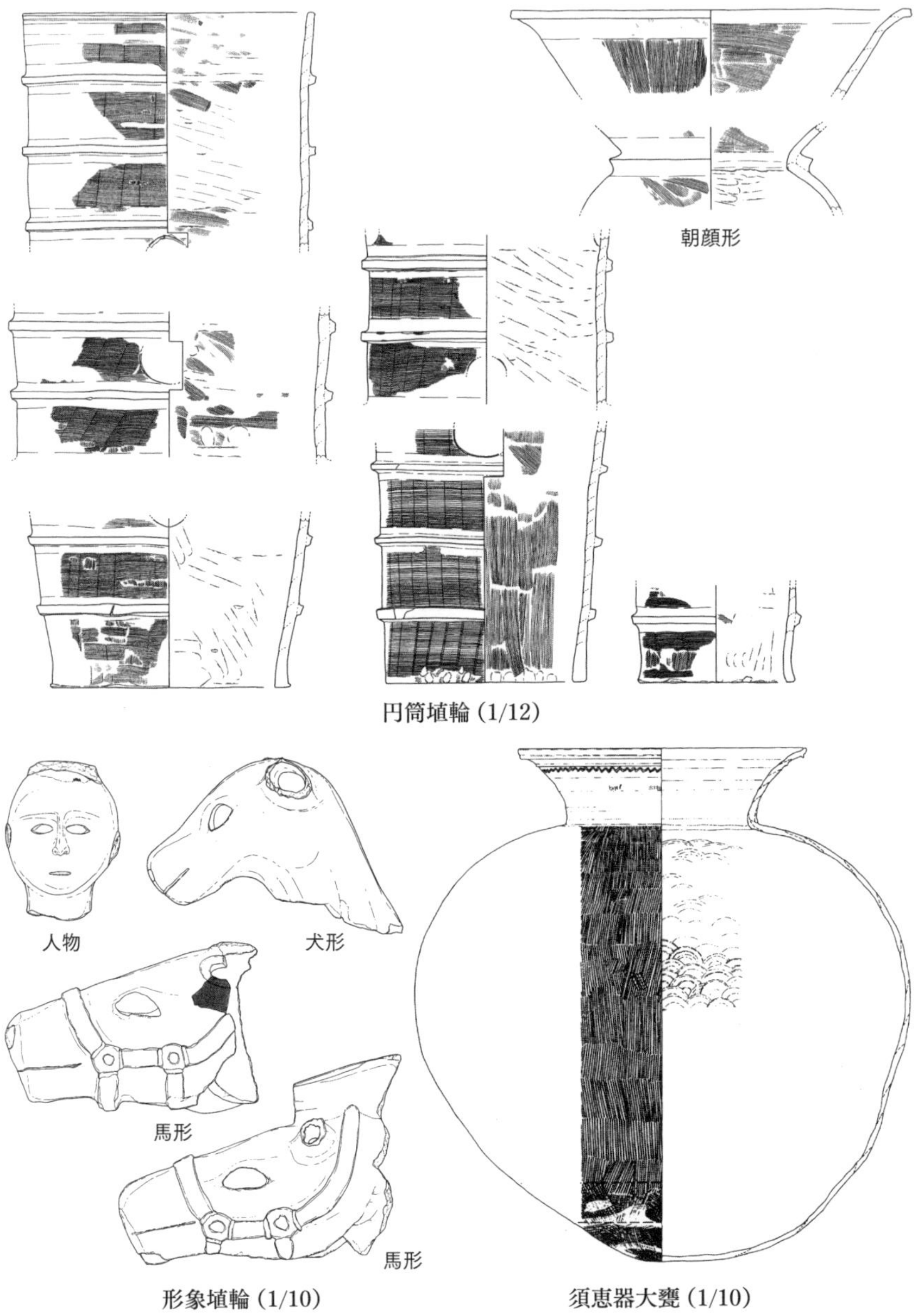

図４　大仙古墳の出土遺物（円筒埴輪：加藤一郎「大山古墳の円筒埴輪」『近畿地方における大型古墳群の基礎的研究 平成17年度〜19年度科学研究費補助金（基盤研究Ａ）研究成果報告書』六一書房、2008、図193・198・201・205／形象埴輪と須恵器：徳田誠志・清喜裕二「仁徳天皇 百舌鳥耳原中陵の墳丘外形調査及び出土品」『書陵部紀要』第52号、宮内庁書陵部、2001、第４・５・６・７・８図）

ケも少量含まれます。口縁部は、端部を折り曲げたり外反させることなく直口させるものが多いことが特徴です。埴輪検討会編年のⅣ期1段階の古市・誉田御廟山古墳に後続する、Ⅳ期2段階です。そして、造り出しで採集をされた須恵器の大甕があります(4)。この大甕はON46型式(TK208型式古相)にあたるもので、大仙古墳の相対年代はかなり明確になっています。

2 倭国王墓の二系列と古市・百舌鳥古墳群の築造順

神聖王と執政王の墳丘の違い

次に、古市・百舌鳥古墳群における大仙古墳の位置を明確にしておきます(図7)。私は、奈良県の箸墓《はしはか》古墳からはじまる系列と、桜井茶臼山《さくらいちゃうすやま》古墳からはじまる系列があると考えています。すなわち、権能の異なる神聖王(主系列)と執政王(副系列)という二人の王がいたと理解しています(5)。

五世紀代の主系列と副系列の王墓の違いは、胴の長いもの(主系列)と短いもの(副系列)としてとらえられます。新納泉先生が、前方後円墳の設計原理について、近年、重要な研究を進めており(6)、それをもとに私も検討しているところです。

新納先生がとり上げた古市・百舌鳥古墳群の巨大古墳の復元案について、周濠で下段が水没しているものについて見解の相違もあります。いずれ私なりの復元案を提示する必要があり、現時点では検討中ですが、空中レーザー測量による最新の図面をもとに各部寸法を示しておきます(図5・6)。

新納先生の前方後円墳の設計原理の研究に照らせば、後円部の中心点（O点）と前方部の中心点（P点、稜線と中軸線の交点）による案分として、主系列が６：６：３：６（計21）、副系列は６：６：２：６（計20）を、基本の割付とする違いとして説明できると考えます。

墳丘の基本設計

古墳の設計の基本的な理解としては、墳丘長が三〇〇歩というように決められ、主系列・副系列ともに伝統的な右記した案分比率で各部寸法の大枠が算出されます。そこからは、単位長を決め、後円部や前方部の基本的な割付案分をもとに各部の実施設計寸法が調整されるのだろうと思います。後円部はおよそ径を５：４：３とすることが基本とみられますが、前方部は徐々に高くしていきますので、割付案分の仕様は変わっていくようです。また、個々の王墓で立地地盤が異なり、平坦であればいいのですが実際には高低差があるため、とくに巨大になれば基本案分のとおりにはいかず、個々での調整が必要になると思います。

なお、古墳の設計には中国尺の六尺＝一歩の歩数によります。とり上げた四基でいえば、もっとも新しい大仙古墳では最新の南朝尺（一尺＝二五センチメートル、一歩＝一・五メートル）が導入されますが、大仙古墳より古い三基は漢尺（一尺＝二三センチメートル、一歩＝一・三八メートル）によります。

今回、原稿化の過程でさらに検討したところ、大仙古墳については、先に仲津山古墳との対比から三六〇歩とみてきましたが、三五〇歩とみるのがよいのではないかと考えるに至りました（図３は当初案）。仲津山古墳が二一〇歩であり、大仙古墳が三五〇歩であるのは、６：６：３：６の墳丘の大枠単位21という主系列墳の場合、仲津山古墳の一単位一〇歩に対し、大仙古墳は一六・六歩となりますが、6は一〇〇歩、3は五〇歩となります。仲津山古墳の墳丘長を二一〇歩とすることや、大仙古墳の墳丘長を三五〇歩とするのは、この割付を考慮したものと思います。

いずれにしても、後円部と前方部の接続部の長さは、実際には前方部を増大する（拡大および高める）ためか、いずれの場合も基本の割付から調整されていますが（大仙古墳の場合は、接続部3が五〇歩→四七歩、前方部の6が一〇〇歩→一〇三歩）、主系列は3を基本としての調整、副系列は2を基本としての調整とみることができるように思います。さらに検討し

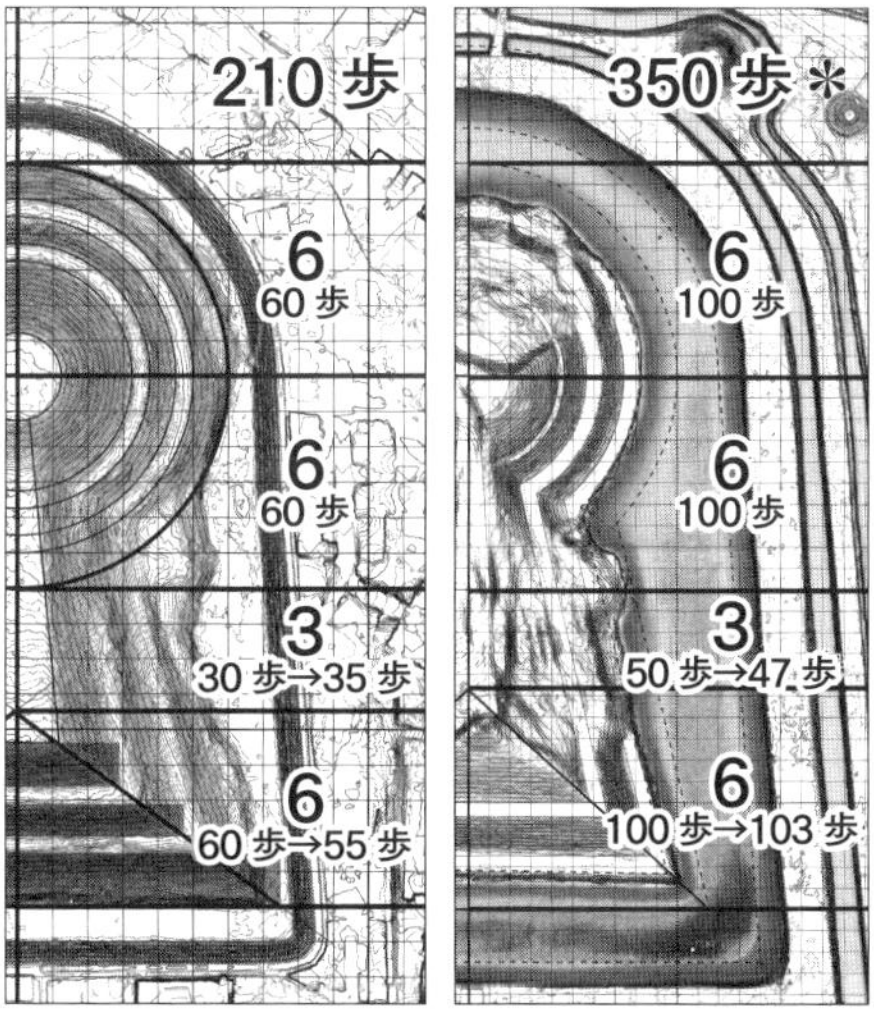

仲津山　大仙

図 5　長胴の主系列墳（大仙：図 1 左に同じ／仲津山：『古市古墳群測量図集成』百舌鳥・古市古墳群世界遺産保存活用会議、2015、P7）

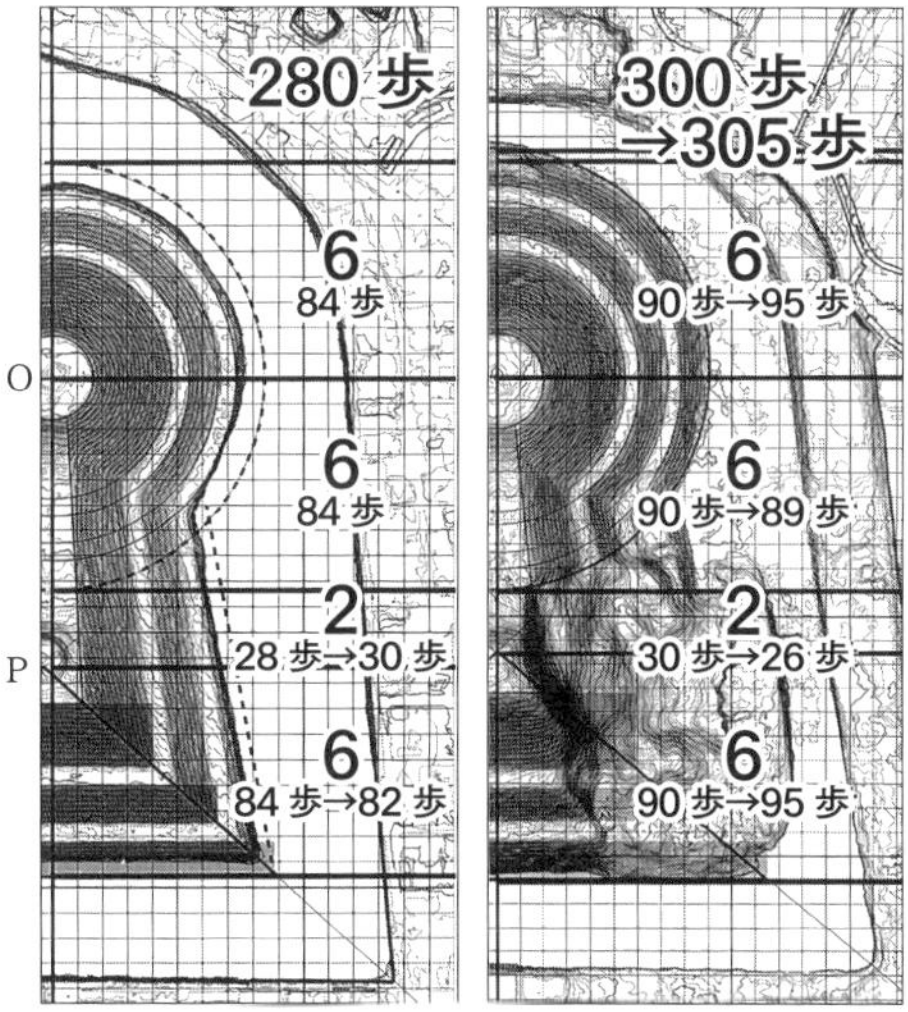

上石津ミサンザイ　誉田御廟山

図 6　短胴の副系列墳（誉田御廟山：『古市古墳群測量図集成』百舌鳥・古市古墳群世界遺産保存活用会議、2015、P6／上石津ミサンザイ：『百舌鳥古墳群測量図集成』百舌鳥・古市古墳群世界遺産保存活用会議、2015、P6）

なければなりませんが、やはり倭国王墓に二つの系列があることが、設計的に裏付けられるのではないかということです。

築造順序

以上、とり上げた四基でいえば、主系列墳は仲津山古墳→大仙古墳、副系列墳が上石津《かみいしづ》ミサンザイ古墳→誉田御廟山古墳と推移します。この間で前方部が高まり、仲津山古墳・上石津ミサンザイ古墳では前方部は後円部よりまだ低いのですが、大仙・御廟山古墳ではほぼ同等に高まっています。このため、前方部頂前端の位置が、より後円部寄りになっていることが見てとれます。

そして古市・百舌鳥古墳群全体でいえば、主として埴輪の時期区分に照らし、また出土須恵器にもとづき、築造順序が明らかになっています（図7）。一番古い古墳は、古市古墳群の津堂城山《つどうしろやま》古墳で、仲津山古墳と上石津ミサンザイ古墳がそれにつづき、次が誉田御廟山古墳で、その次が大仙古墳となります。さらにその次は古市古墳群の市野山《いちのやま》古墳と百舌鳥古墳群の土師《はぜ》ニサンザイ古墳が同じくらいの時期というように、築造順序はおよそ共通理解にあるといえます。

3　大仙古墳の年代

朝鮮半島の馬具の年代

しかし、考古学により築造順序が決まっても「では大仙古墳はいつ頃の古墳なのか？」という、年代を決めるためには別の手がかりが必要です。それを与えてくれるのが馬具です。中国東北部そして朝鮮半島において馬具が導入され、この時期にそれが倭におよび、広域にわたり共通した変化をたどります（図7）。そして没年が知られる被葬者の墳墓、あるいは蓋然性高く被葬者が推定できる墳墓の資料から、馬具の年代がわかっており、日本の古墳の年代を考えることができます。

諫早直人氏の研究を紹介します(7)。朝鮮三国時代馬具Ⅱの段階で、木芯に鉄板を張った輪鐙《わあぶみ》が登場してくるのですが、Ⅱ段階ではまだ滑り止めの鋲《びょう》がありません。Ⅱ段階は四世紀後葉をさかのぼらず四世紀末頃からとされ、下限については次の二つの資料が参考になります。ひとつは北燕の馮素弗《ひょうそふつ》墓（四一五年没）、もうひとつは高句麗・好太王（四一二年没）の墓とみられる太王陵で、これらがⅡ期馬具副葬の下限年代とされています。おおむね四二〇年までということです。

その次のⅢ段階になると、輪鐙に滑り止めの鋲を打つようになります。Ⅲ段階でも前半の短い柄から後半には長柄になり、また全面鉄板張りへと変化します。この年代を考える資料として、新羅・皇南大塚南墳のⅢ段階後半の輪鐙があります。南墳は四五八年に没した訥祇《とつぎ》王の墓であると考えられています。したがって、Ⅲ段階の馬具は四二〇年頃から五世紀中葉の年代が与えられています。以上の

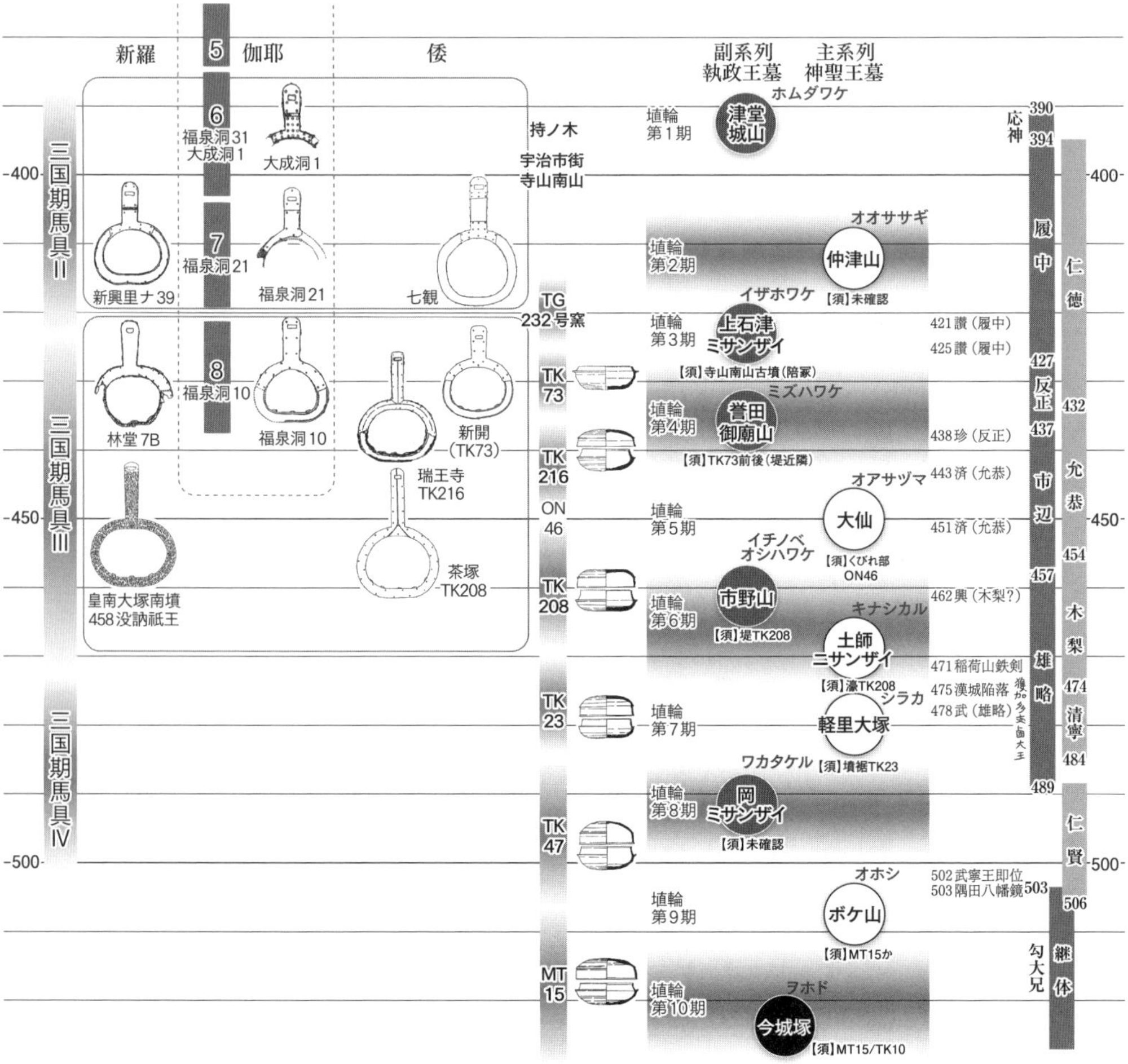

図7　古市・百舌鳥古墳群の倭国王墓の築造順

ことを手がかりに、古市・百舌鳥古墳群の年代を考えることができるのです。

馬具からわかる須恵器の年代

それをもとに日本の須恵器の年代観を考えておきます。韓国の陶質土器の変遷について、釜山大学におられた申敬澈先生の嶺南地域の陶質土器編年の6段階（福泉洞三一号墳・大成洞一号墳）に後続して、7段階（福泉洞二一号墳）・8段階（福泉洞一〇号墳）を設定しておきます。嶺南地域では、6段階と7段階の墳墓から鉸をもたない三国期Ⅱ段階の馬具が出土し、8段階以降になると鉸をもつ三国期Ⅲ段階の馬具が出土することがわかっています。

いまのところ日本で最古の須恵器窯であるTG232号窯の須恵器は、7段階（福泉洞二一号墳）と8段階（福泉洞一〇号墳）の中間の時期にあたるとされています。(8) この7段階までの墳墓から三国期馬具Ⅱ段階が、8段階からⅢ段階の馬具が副葬され、Ⅱ段階とⅢ段階の馬具の副葬年代の交代期が四二〇年頃であるので、TG232号窯は四二〇年前後となります。そして、山梨県の茶塚《ちゃづか》古墳からTK208の須恵器とⅢ段階後半の長柄の鐙が出土しています。Ⅲ段階後半の年代の定点として、新羅・皇南大塚南墳が訥祇王墓である蓋然性が高く、その没年が四五八年でした。ですから、同じⅢ段階後半の馬具をもつ茶塚古墳と皇南大塚南墳が近似した時期で、その頃の須恵器がTK208型式となります。そうすると、須恵器の編年では、四二〇年頃のTG232号窯とTK208型式の間に、TK73・TK216型式、そして大仙古墳出土のON46型式（TK208型式古相）が入ります。これを按分してやると、ON46型式すなわち大仙古墳の年代は、四五〇年前後の五世紀なかばということになります。

近年の鈴木一有氏と十河《そごう》良和氏の編年においても、中期のはじまりについては理解に差はありますが、ON46型式の年代、すなわち大仙古墳の年代は、五世紀なかばと共通しています(9)。

4 大仙古墳の被葬者

『古事記』『日本書紀』の王統譜

『古事記』『日本書紀』から、五世紀の倭国王の在位年あるいは没年を検討しましょう。河内政権の時代の王統譜は、応神―仁徳―履中―反正―允恭―安康―雄略―清寧―顕宗―仁賢―武烈です。

允恭天皇から推古天皇までは、一年違うとか、四年違うとかの齟齬もありますが、『古事記』の崩年干支による推定没年と編年体である『日本書紀』の没年はおおむね一致します。乖離がはじまるのは允恭天皇以前です（図8）。たとえば、応神天皇の没年は『古事記』では三九四年ですが、『日本書紀』では三一〇年です。また、崇神天皇の没年は『古事記』では三一八年ですが、『日本書紀』では紀元前三〇年になります。仁徳天皇の在位年が八七年、応神天皇が四一年というように在位年が引きのばされ、乖離していきますが、それがはじまるのが五世紀の中頃です。応神天皇の元年については、『日本書紀』の記事から三九〇年であったと考えられますが、『日本書紀』紀年では二七〇年で、一二〇年古く設定されていることが明らかになっています。

重要なのが、允恭天皇の没年が『古事記』では四五四年、『日本書紀』で四五三年とほぼ一致していることです。一年違いますが、これは允恭天皇の死没と新王の即位が四五四年で、『日本書紀』はこの年を新王の元年とし、允恭末年を前年の四五三年としたとみることができます。

履中系と允恭系の対立

次に、履中系と允恭系の対立論を紹介します。王統譜では、仁徳天皇の子供のなかでまず履中天皇が即位し、次に弟の反正天皇が、さらに弟の允恭天皇が即位したことになっています。

しかし、允恭は即位する際に「我が兄の二天皇、我を愚かなりとして軽したまひし」と言い、即位すると履中系と関係の深かった葛城玉田宿禰《たまたのすくね》を倒します。また允恭の子の雄略天皇は、葛城円大臣《つぶらのおおみ》を焼き殺し、履中の子である市辺押磐《いちのべのおしは》皇子を惨殺して即位します。

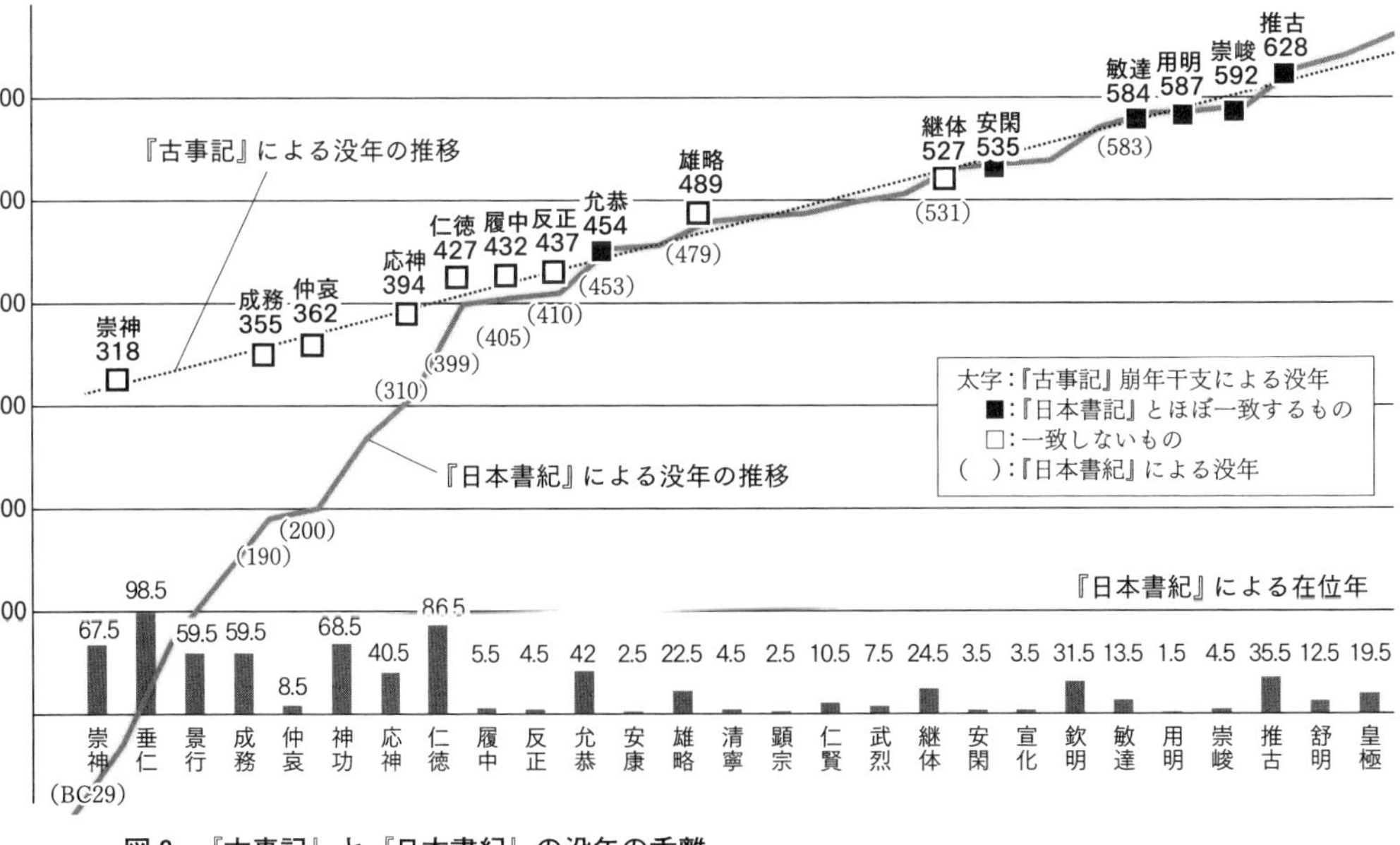

図8 『古事記』と『日本書紀』の没年の乖離

こうしたことから、履中・反正という履中系に対し、允恭以降の系統との対立関係が考えられてきました。つまり、允恭即位以降、それ以前の履中系を押さえ込む行為がなされることから、そのような対立関係が推測されるのです。

二系統に分かれる倭の五王

『宋書』倭国伝に現れるいわゆる倭の五王が、二系統に分かれるのではないかとの見方があります。倭の五王のうち、「讃・珍」は兄弟、「済・興・武」は済が父親で興・武がその子ですが、珍と済の続柄が記載されていないのです。このことから、両者は異系ではないかと考えられています。

先ほど述べたように允恭の没年は『古事記』と『日本書紀』で一致し、『古事記』崩年干支から四五四年没と考えられます。倭王済は四四三年と四五一年に宋に遣使しており、倭王済を允恭とみるのが定説です。そして済の前の珍ですが、珍が遣使したのは四三八年です。記紀の王統譜からすると允恭の前の反正となりますが、『古事記』崩年干支では反正は四三七年に没しています。一年ずれるのですが、四三七年に使いを送り、倭国王に冊封されたのが翌年になったのかもしれません。その点で問題が残るのですが、倭王珍を反正とみるのが有力です。

そうすると、履中系と允恭系の対立論と、珍と済の続柄が記されず異系ではないかとの見方は、対応する可能性が高いと思われます。両者の対立関係というのは、実は王族として異系で、履中そして反正とつづいた王統に対し、異系の允恭が即位することで主導権が交替し、前代までの王統を押さえ込む、また関係の深かった外戚の葛城氏を倒すといった事態が生じたと考えることができます。

神聖王と執政王の並立

私は、倭王権には神聖王と執政王という二王が並立していたという祭政分権王制を主張しています。これに関連して、倉西裕子さんの興味深い指摘を紹介しておきます[10]。

『日本書紀』では天皇になることを「即天皇位」と書き、「あまつひつぎしろしめす」と読ませます。「天ツ日継」という祖霊を継承する地位にある者を天皇とします。これに対し『古事記』では「〇〇命坐〇〇宮治天下」のように書き、「治天下」、この地上を治める者が天皇であると位置づけています。なぜこうした違いが生まれるのでしょうか。それは、神聖王と執政王という役割の異なる二人の王がいたからだと考えることができます。そして、天下を統治する者が天皇であるとする『古事記』のなかで、倉西さんは、ウジノワキイラツコ・允恭・キナシカル・清寧（飯豊）が「日継」と表現されていることを指摘しています。つまり、『古事記』のなかに『日本書紀』の天皇像の系譜を見出すことができ、允恭天皇らが神聖王の系譜であると考えることができるのです。

履中系と允恭系の異系論とその対立関係を紹介しましたが、異系というのは一人の倭国王の地位を争う二王族というものではなく、神聖王と執政王という二王を輩出する系統差で、履中系が執政王の系譜であり、これに対し神聖王允恭が主導権を握ったと理解できるのです。

大仙古墳の被葬者

倭国の王権は、卑弥呼以来の神聖王こそが本来の倭国王で、統治を担う執政王が別に立てられ、二王で構成されていました。両者は四世紀には二人の男王となり競合関係になっていくと思われますが、本来は、神聖王が最大規模の王墓を築き、執政王はひとまわり小さいものでした。しかし、五世紀前葉、神聖王墓である仲津山古墳に対し、執政王墓である副系列墳の上石津ミサンザイ古墳がそれを凌駕し、さらに後続の誉田御廟山古墳は四〇〇メートルを越えてきます。執政王が主導権を握り最大規模墳を築造したわけです。しかし、主系列墳である大仙古墳がそれを巻き返し、神聖王墓が五〇〇メートルを越え、副系列墳である市野山古墳は二二五メートルという本来の標準規模に後退します。つまり、誉田御廟山古墳と大仙古墳の間で、執政王優位から神聖王優位へ転換するわけです。

この倭国王墓にみられる優位の逆転は、ここまで述べてきた履中系と允恭系の対立、允恭即位による履中系を押さえ込んでの主導権の転換に対応する可能性が高いと思います。誉田御廟山古墳は四三〇年代と推定していますが、反正没年の四三七年に見合います。そして次の倭国王墓である大仙古墳の年代は、須恵器ON46型式の時期で、五世紀中頃とみられ、允恭没年四五四年にぴったりです。允恭は「日継」すなわち神聖王であり、允恭墓と考えられる大仙古墳が、箸墓古墳以来の神聖王墓である主系列墳であることも、その妥当性を示していると思います。

注

（1）徳田誠志「仁徳天皇 百舌鳥耳原中陵第一濠内三次元地形測量調査報告」『書陵部紀要』第六九号〔陵墓篇〕、宮内庁書陵部、二〇一八年、第40図。

（2）『百舌鳥古墳群測量図集成』堺市、二〇一五年、P5。
徳田誠志 注（1）前掲書。

（3）徳田誠志・清喜裕二「仁徳天皇　百舌鳥耳原中陵の墳丘外形調査及び出土品」『書陵部紀要』第五二号、宮内庁書陵部、二〇〇一年。
加藤一郎「大山古墳の円筒埴輪」『近畿地方における大型古墳群の基礎的研究　平成一七年度～一九年度科学研究費補助金（基盤研究A）研究成果報告書』六一書房、二〇〇八年。
（4）徳田誠志・清喜裕二　注（3）前掲書。
（5）岸本直文『倭王権と前方後円墳』塙書房、二〇二〇年。
（6）新納　泉「前方後円墳の設計原理試論」『考古学研究』第五八巻第一号、二〇一一年ほか。
（7）諫早直人『東北アジアにおける騎馬文化の考古学的研究』雄山閣、二〇一二年。
（8）酒井清治「須恵器生産のはじまり」『国立歴史民俗博物館研究報告』第一一〇集、二〇〇四年。
（9）十河良和「百舌鳥・古市古墳群の築造時期と階層構成再論」『古墳と国家形成期の諸問題』山川出版社、二〇一九年、図1。
鈴木一有「七観古墳出土遺物からみた鋲留技法導入期の実相」『七観古墳の研究―一九四七・一九五二年出土遺物の再検討―平成一九年度～二一年度科学研究費補助金（若手研究B）／平成二二年度～二四年度科学研究費補助金（若手研究A）研究成果報告書』京都大学大学院文学研究科、二〇一四年、第186図。
（10）倉西裕子『日本書紀の真実』講談社選書メチエ二七〇、講談社、二〇〇三年。

【報告】

副葬品からみた大山古墳

前方部石室出土の甲冑をめぐって

滝沢　誠

1　大山古墳の副葬品

前方部石室の出土品

陵墓について議論しようとするとき、そのもっとも重要な基礎となるのは、学術的な研究の成果です。ここでは、副葬品からみた大山古墳の年代について考えていきたいと思います。

一八七二年（明治五）九月、大山古墳の前方部中段で竪穴式石室が発見されました（平林一九三九など）。石室内には長持形石棺があり、その周囲から甲冑、ガラス器、鉄刀、大刀の金具が出土したことを伝える文書や絵図が現在も残されていて、大阪歴史博物館が所蔵している岡村家旧蔵図もその一つです。そうした当時の記録については、いくつかの写本が存在しますが、内容的にはほぼ同じものですので、ここでは岡村家旧蔵図をもとに検討を進めたいと思います。なお、それらの遺物は、記録がとられた後に石室に埋め戻されていて、現在は実物をみることができません。

岡村家旧蔵図のなかには短辺方向からみた長持形石棺の図があり、その左側には墳丘の断面図も描かれていて、墳丘の中段には石室の存在を認めることができます。森浩一氏はこの発見の経緯について、一九六五年に出版した『古墳の発掘』のなかで、意図的な発掘なのではないかとの見解を述べています。さらに、出土した遺物の年代にも言及し、仁徳天皇の墓とすることへの疑問を投げかけています（森 一九八一）。この森氏の見解に代表されるように、大山古墳の年代に関しては、前方部石室出土の副葬品が重要な検討材料とされてきました。

ボストン美術館所蔵「伝仁徳天皇陵出土品」

アメリカのボストン美術館には、「伝仁徳天皇陵出土品」としていくつかの遺物が収蔵されています。具体的には、銅鏡一、環頭大刀（破片）一、馬鐸二、三環鈴一です。一〇年ほど前に、宮内庁の徳田誠志氏がこれらの遺物を実際に見て、その発見の経緯や遺物の年代を検討した論文を発表しています（徳田 二〇〇八・二〇一一）。そこでは、馬鐸や三環鈴を中心とした近年における編年研究の成果を参照しつつ、それらの遺物には六世紀の第1四半期を中心とした年代が与えられるのではないかとしています。さらに、実はそもそもそれらの遺物が「仁徳天皇陵出土」とされたこと自体、はっきりしないとも述べています。発見の経緯を調べていくと、「仁徳天皇陵」から出土したという事実をまったく確認できないとし、これから私がお話しする前方部石室出土の甲冑とも時期的なずれがあるという点を指摘しています。以上の点をふまえると、ボストン美術館所蔵品を「仁徳天皇陵」出土品と理解することはむずかしいだろうと述べています。

この点については、私も基本的に徳田氏の意見に賛成です。したがって、ボストン美術館所蔵品は検討対象とはせず、ここでは前方部石室出土の副葬品、とくに甲冑に焦点を当ててお話ししたいと思います。

2　大山古墳前方部石室出土の甲冑

甲冑の出土状況

岡村家旧蔵図のなかには石室の平面図もあり、石室内に長持形石棺がおさめられていて、その右側に甲冑やガラス器、大刀の金具が出土したという記載があります。また、このあととり上げるように、岡村家旧蔵図には眉庇付冑と短甲を描いた図もあります。

よく知られているように、古墳時代中期（おもに五世紀）になると、古墳に数多くの鉄製甲冑が副葬されるようになります。そのなかでも、大山古墳の前方部から出土した短甲については、もっとも新しい時期に位置づけられる横矧板《よこはぎいた》鋲留《びょうどめ》短甲《たんこう》であることから、森浩一氏はその点を勘案しつつ、大山古墳の年代を古墳時代中期のなかでも引き下げて考えようとしたわけです。

私自身は、以前からこうした古墳時代の甲冑について大きな関心をもって研究をつづけてきました（滝沢一九九一など）。そのなかで、大山古墳前方部石室出土の甲冑についても詳しく検討を加えた経緯がありますので（滝沢一九九六）、ここであらためて前方部石室出土甲冑の年代について考えてみたいと思います。

眉庇付冑

岡村家旧蔵図には、**図1**のような冑《かぶと》の図があります。先にも述べたように、絵図にはいくつかの写本がありますが、おそらく同一の原本からつくられたものと思われます（小川一九八三）。写本によって若干違うところはありますが、甲冑については基本的に変わりがありません。この絵図は、柏木政矩《かしわぎまさのり》という人物が描いたものですが、細部に至るまで非常に精緻に描かれており、小札鋲留眉庇付冑《こざねびょうどめまびさしつきかぶと》と呼ばれるこの冑につい

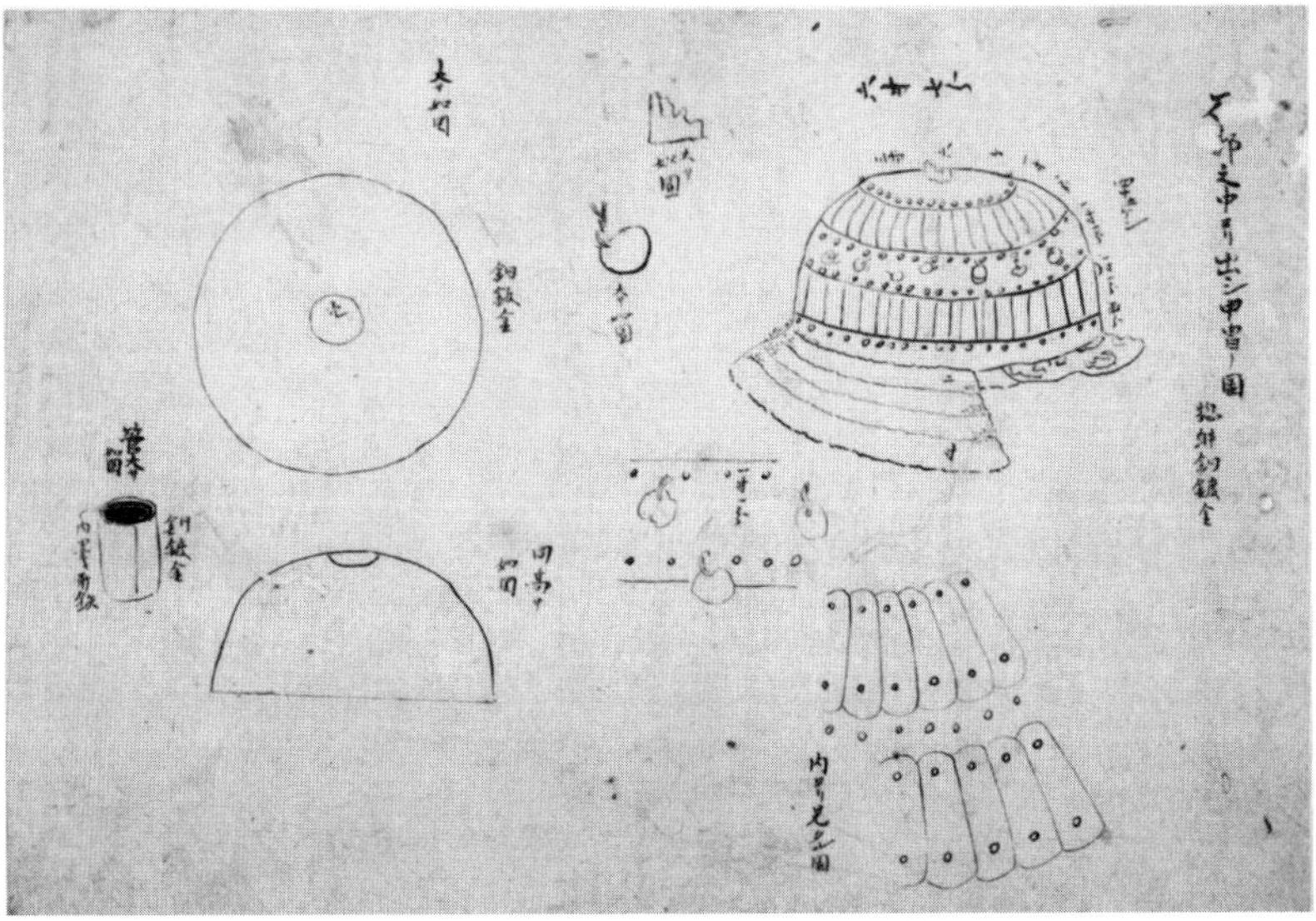

図1　岡村家旧蔵図「石槨之中ヨリ出シ甲冑の圖」　眉庇付冑（大阪歴史博物館所蔵）

ては、外面につく歩揺《ほよう》という飾りも丁寧に描かれています。また、図の右側には、「惣躰《そうたい》銅鍍金」と記されており、全体が銅で、鍍金されていたことがわかります。実は写本のなかには色付きのものもあって、そこには銅の緑青《ろくしょう》とともに金色の部分が描かれています。したがって、この小札鋲留眉庇付冑は、いわゆる金銅製もしくは金銅装の冑とみられるわけです。

千葉県木更津市の祇園《ぎおん》大塚山古墳からは、大山古墳のものとは地板の形状が異なる竪矧《たてはぎ》細板《ほそいた》鋲留眉庇付冑が出土しています。これは金銅製の眉庇付冑で、全体が金銅板でつくられています。眉庇付冑は、古墳時代の冑のなかでもきわめて装飾性の高いもので、福井県永平寺町の二本松山古墳から出土した眉庇付冑のように部分的に金銅板を用いたものも知られています。

短甲

以上のような眉庇付冑のほかに、岡村家旧蔵図には短甲の図もあります。正面(前胴)図・背面(後胴)図(**図2**)と左右の側面図(**図3**)があり、正面・背面図の右側には、眉庇付冑と同じく「惣躰銅鍍金」という記載が認められます。

実は、全体が金銅板でつくられた短甲というものは、いまのところ実物の出土例が存在しません。ただし、眉庇付冑に金銅製のものがあるので、短甲にもあっていいのではないかと思っています。いずれにしても、他に例がないほどに多数の鋲が描かれている点を含めて、きわめて特殊な短甲であることは間違いありません。

側面図に注目すると、右脇の上下に蝶番《ちょうつがい》金具をとり付けて右前胴が開閉できるようになっていることがわかります。このように細部がきちんと描かれている点はとても重要です。

古墳時代には鉄製の短甲が出現し、その初期にあたる古墳時代前期には縦長の大きな鉄板を使ったものや、長方形の板を縦に使ったものがみられます。古墳時代中期になると、「帯金《おびかね》」と呼ばれる鉄板どうしを上下につなぐ帯状の板があらたに採用され、それらは帯金式短甲と総称されています。そうした帯金式短甲は、基本的に鉄板を革紐で綴じる段階から鋲で留める段階に大きく変化していきます。前方部石室出土の短甲は、そのなかでも最後に登場する横矧板鋲留短甲と呼ばれるものです。

短甲の寸法

現在、古墳時代の甲冑については、非常にこまかな型式分類がおこなわれています。さらに、そのなかでの年代的な関係も、かなり詳細に研

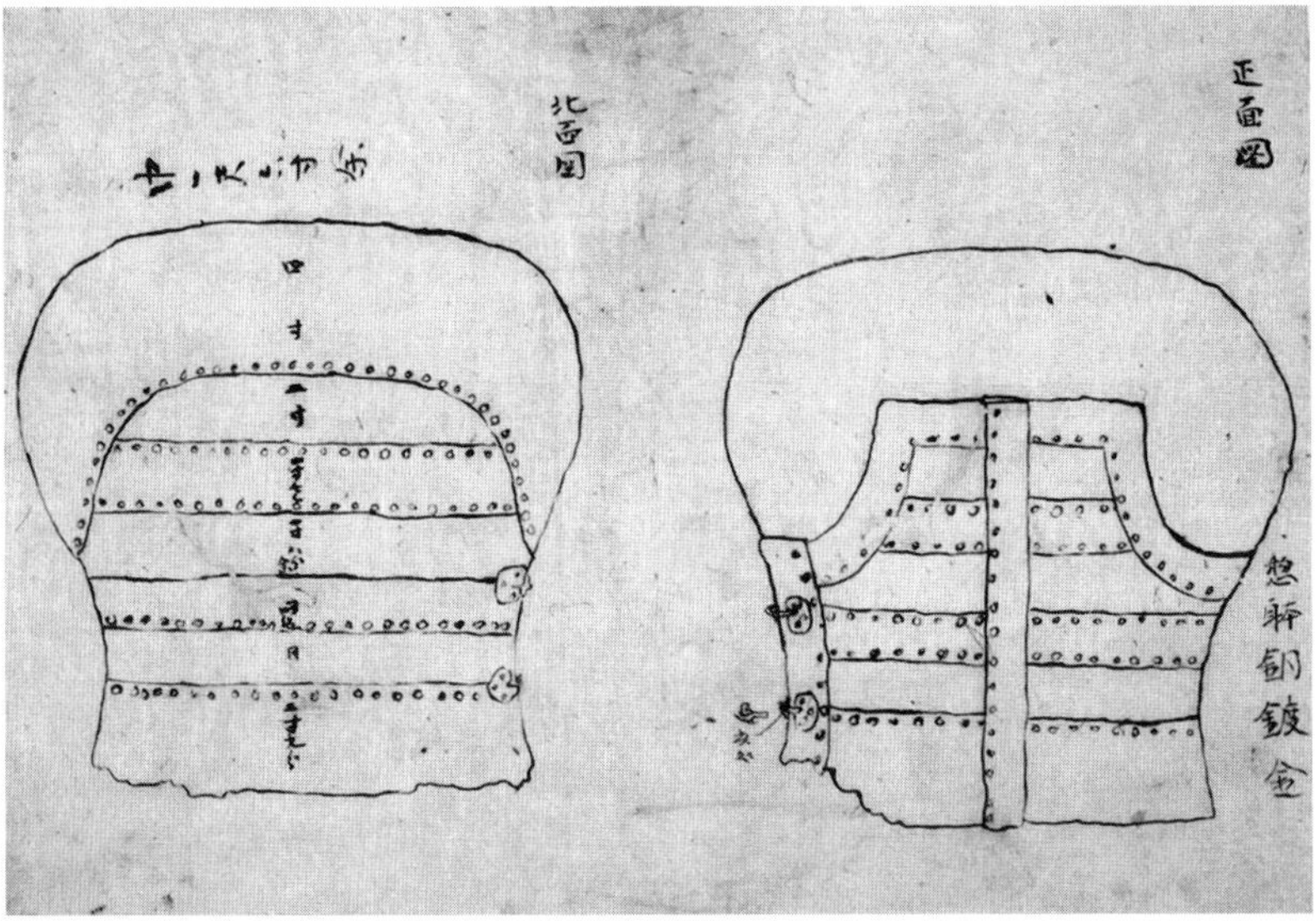

図２　岡村家旧蔵図「石槨之中ヨリ出シ甲冑の圖」　正面・背面（大阪歴史博物館所蔵）

究されています。そうした成果をふまえたとき、前方部石室から出土した短甲の年代はどのように考えられるのでしょうか。

岡村家旧蔵図には、短甲のそれぞれの部分に寸法が記載されています。たとえば背面図には「巾一尺六寸余」と記されています（図2）。そして後胴の計七段の鉄板には上から順に、「四寸」「二寸」「一寸七分」「一寸八分余」「一寸四分」「同」「二寸九分」という記載があり、それと同じ記載が左側面図（図3）にも認められます。また、同図の後胴側には、「背一尺五寸」（約四五・五センチ）と記されています。ところが、先の各段の寸法を全部足すと一尺五寸二分余となり、「背一尺五寸」とは二分余りの差が生じています。

これはわずかな違いなので、大きな意味はないのではないかという意見があるかもしれませんが、この違いに私は重要な意味があると考え

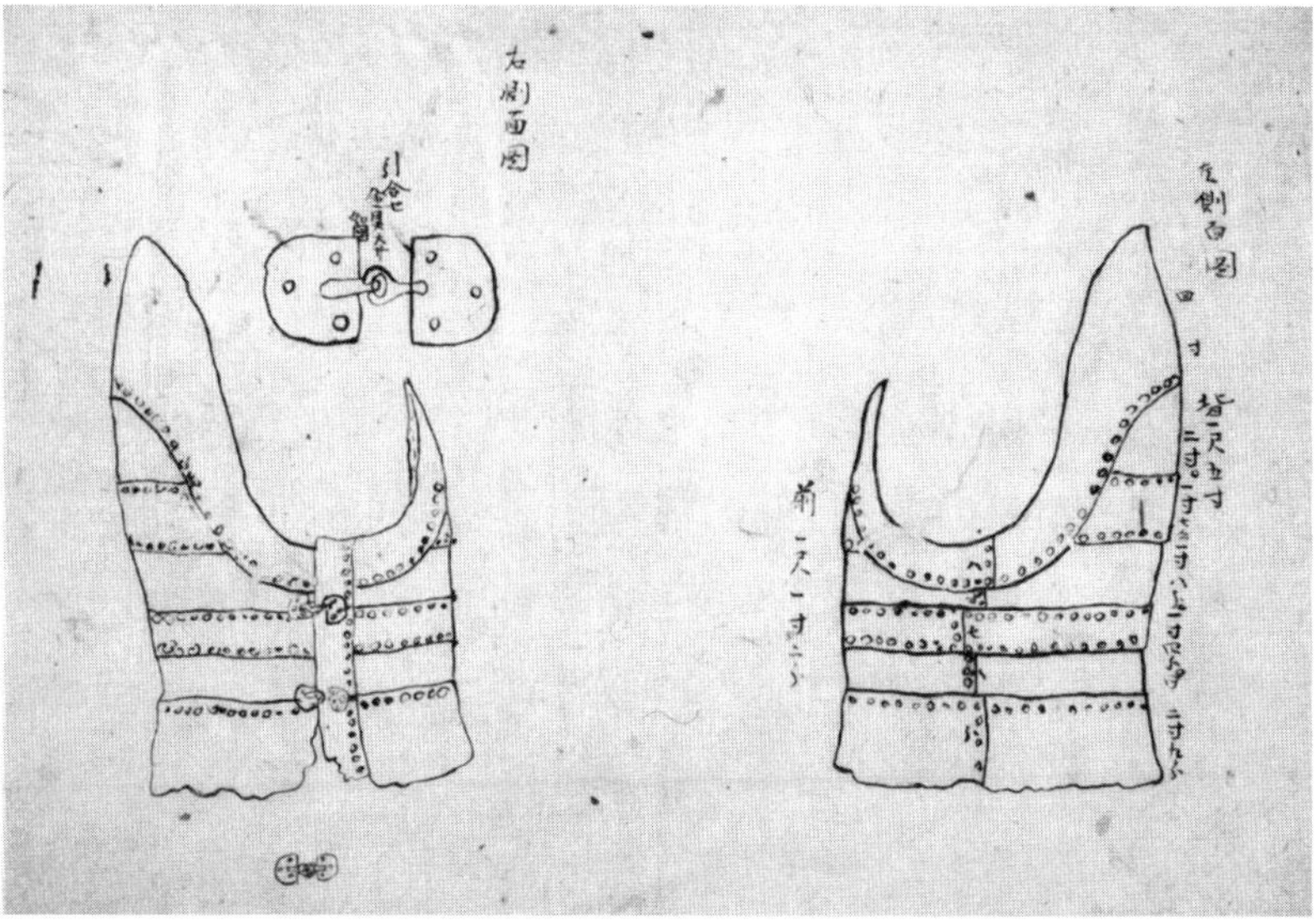

図3　岡村家旧蔵図「石槨之中ヨリ出シ甲冑の圖」　側面（大阪歴史博物館所蔵）

ています。ちなみに、左側面図の前胴側には「前一尺一寸二分」と記されており、作者は端数を切り捨てることなく計測値を正確に記載していることがうかがえます。つまり、「背一尺五寸」とは高さを垂直方向に測った数値、そして各段の数値は後胴のカーブに合わせて測った数値で、当然後者のほうが若干長くなります。これらの数値は、かなり正確に測った結果とみていいだろうと思います。

短甲の型式変化

これまでの研究の成果として、古墳時代中期の短甲に特徴的な帯金は、新しい時期のものほど幅が広くなることがわかっています。革綴式短甲の帯金は、ほぼすべてが幅の狭いもので、鋲留式の古い段階のものも帯金の幅が狭いものです。ところが鋲留式の新しい段階のものは帯金の幅が広くなります。帯金の部分についてみると、そうした大きな変化の流れが認められます（滝沢一九九一）。

短甲の前胴には引合板という縦方向の板があるのですが、それと帯金を連結する場合、革綴式短甲の段階には両者が重なる中央と両側の三カ所で綴じるのが基本です（**図4・A類左**）。鋲留式短甲の古い段階には、小型の鋲を使ってそれと同じような留め方をしているのですが（**図4・A類右**）、やがて中央の鋲が省略されていきます（**図4・C類**）。それを可能にしたのが鋲の大型化で、一カ所で留める力を強くして鋲の数を減らしていくわけです。ところが単純に鋲の数を減らすと、鋲の間隔が広がりすぎてしまう部分が生じ、その部分で鉄板が遊離してしまうおそれがあるため、それを回避するために、帯金の幅を広げ、地板の幅を狭めて、鋲の間隔を均等に保てるように各段の幅を調整したと考えられるのです。たとえば、**図5**に示した千葉県富里市烏山《からすやま》2号墳出土の短甲は、もっとも帯金の幅が広くなった段階の横矧板鋲留短甲といえるものです。

以上の点をふまえて、先ほどの寸法の記載について考えてみると、大山古墳前方部石室出土の短甲は、横矧板鋲留短甲のなかでは新式の段階に位置づけられます。一方、鋲の数が多い点は古い要素ともいえるのですが、この短甲は「惣躰銅鍍金」というきわめて特殊な製品です。私は、鋲の多さはその装飾性ゆえのことであり、この短甲の年代を考える際に重要なのは、先ほど述べた各段の構成比であろうと考えています。ただし、すでに指摘があるように（阪口二〇一二）、金銅板を多用した装飾性豊かな甲冑（眉庇付冑）の盛行期か

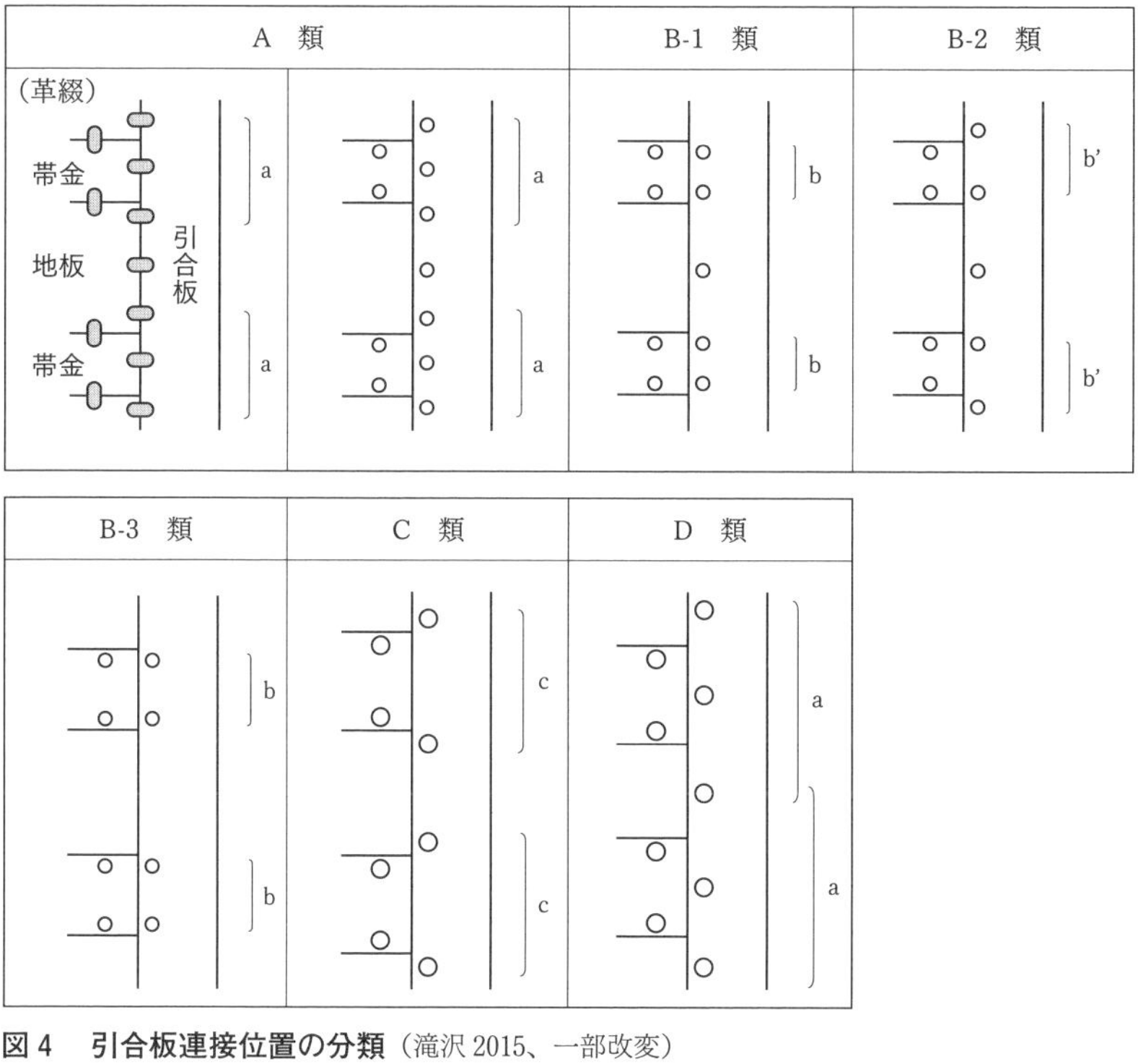

図4 引合板連接位置の分類（滝沢 2015、一部改変）

ら考えて、新式のなかではより古いものだろうと判断しています。

　さらに、別の観点からも一言付け加えておきたいと思います。前胴を開閉するための蝶番金具にはいくつかの種類が認められますが（図6）、大山古墳の短甲とまったく同じ蝶番金具は知られていません。鈎壺蝶番金具と呼ばれるもののなかに似ているものはありますが、それらの例は座金の形が丸くなっています。前方部石室出土短甲の座金は、爪形ともいえるもので、片側が半円形となっています。その点に注目すると、金属のみで構成される鈎壺蝶番金具とは異なり、座金どうしを革帯でつなぐ一般的な蝶番金具の例として、新潟県南魚沼市飯綱山《いいづなやま》一〇号墳出土例

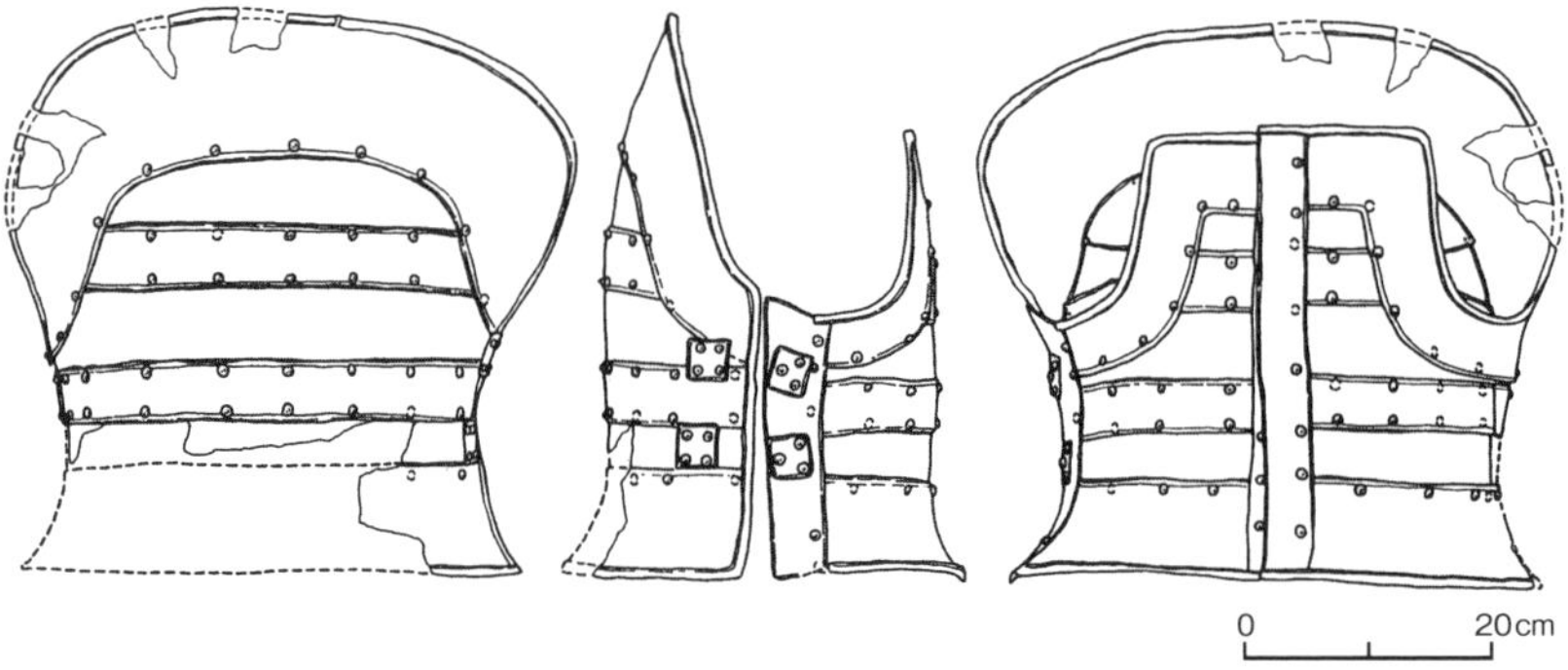

図5　鳥山2号墳出土短甲（日吉倉遺跡調査団編 1975）

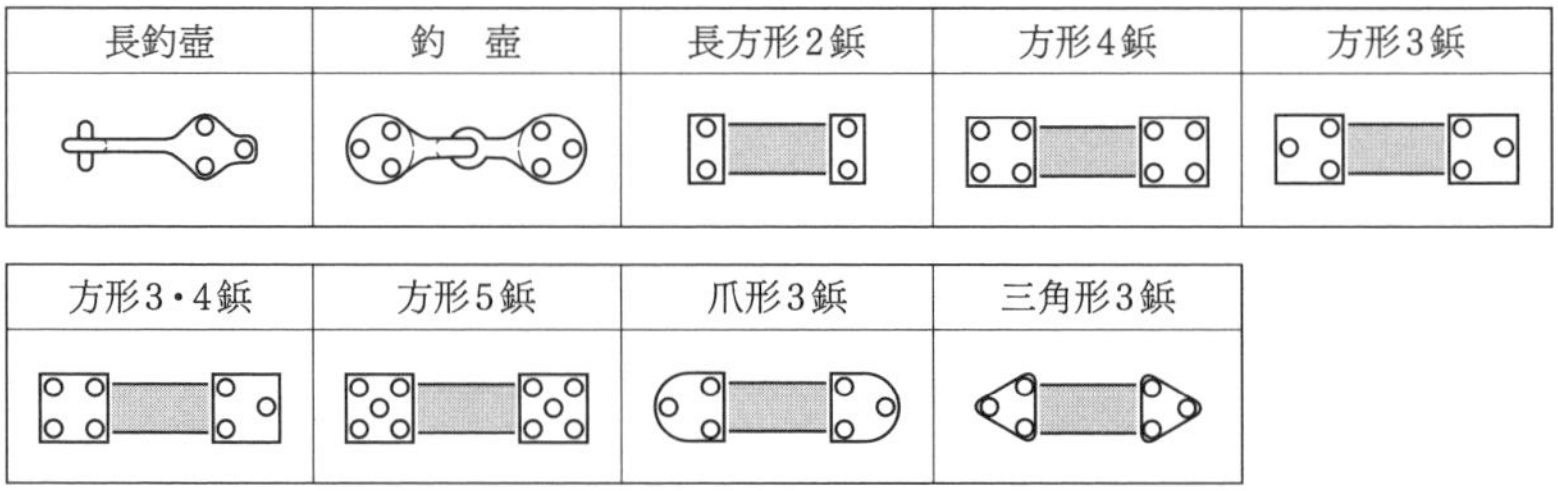

図6　蝶番金具の分類（滝沢 2015）

や宮崎県西都市西都原四号地下式横穴出土例に爪形の座金が認められ（図6・爪形3鋲）、いずれも新式の横矧板鋲留短甲（ＹＢⅡ-2式・滝沢二〇一五）にともなっています。数少ない資料との比較にすぎませんが、この点も各段の構成比からみた年代の理解と矛盾しません。

3　甲冑から探る大山古墳の年代

最初に述べたように、ボストン美術館所蔵品を大山古墳の出土品とみることは、現在では困難だと思われます。そこで注目されるのが、岡村家旧蔵図などに描かれた前方部石室出土の横矧板鋲留短甲ですが、私の編年案（滝沢二〇一五）では、横矧板鋲留短甲のＹＢⅡ式からＹＢⅢ式に該当し、蝶番金具の比較や小札鋲留眉庇付冑との関係から絞り込むと、ＹＢⅡ式の段階とみるのが妥当であろうと考えています。そうしますと、須恵器編年（陶邑編年）のＴＫ208式に併行する時期に位置づけられると思います。

これまでの研究によって、長持形石棺についても最新段階のものであるという理解が主流となっています。また、大山古墳から出土した円筒埴輪は、Bc種ヨコハケをともなうものが主体です（加藤二〇〇八）。さらに、くびれ部で出土した須恵器はＯＮ46式（ＴＫ208式の前半）と考えられています。

これらの見方と前方部石室出土甲冑の年代的理解は、整合性が高いといえます。したがって、あくまでも甲冑の検討を中心に導き出した結論ではありますが、大山古墳の年代については、今回のシンポジウムで岸本直文氏も指摘しているように、西暦四五〇年前後という年代を与えるのが、現時点では妥当であろうと考えています。

参考文献

小川貴司　一九八三「落合直澄旧蔵の「仁徳天皇陵石棺図」について」『考古学雑誌』第六九巻第二号
加藤一郎　二〇〇八「大山古墳の円筒埴輪―窖窯焼成導入以後における百舌鳥古墳群の円筒埴輪―」『近畿地方における大型古墳群の基礎的研究』六一書房
阪口英毅　二〇一二「金色に輝く幻の甲冑―仁徳陵前方部石槨出土品の絵図から―」『徹底分析・仁徳陵古墳―巨大前方後円墳の実像を探る―』堺市文化財講演会録第四集　堺市
滝沢　誠　一九九一「鋲留短甲の編年」『考古学雑誌』第七六巻第三号
滝沢　誠　一九九六「大仙古墳前方部石室出土の甲冑について」『考古学雑渉』西野元先生退官記念会
滝沢　誠　二〇一五『古墳時代の軍事組織と政治構造』同成社
徳田誠志　二〇〇八「米国ボストン美術館所蔵伝仁徳天皇陵出土品について」『王権と武器と信仰』同成社
徳田誠志　二〇一一「米国ボストン美術館蔵所謂「伝仁徳天皇陵出土品」の調査」『書陵部紀要』第六二号
日吉倉遺跡調査団編　一九七五『遺跡日吉倉』芝山はにわ博物館
平林悦治　一九三九「仁徳天皇陵に埋まる金色の甲冑」『考古学』第一〇巻第七号
森　浩一　一九六五『古墳の発掘』中公新書
森　浩一　一九八一『巨大古墳の世紀』岩波新書

124 国宝「火焔型土器」の世界 笹山遺跡 石原正敏
125 徳島の土製仮面と巨大銅鐸のムラ 矢野遺跡 氏家敏之

●第Ⅵ期 好評刊行中！

126 紀国造家の実像をさぐる 岩橋千塚古墳群 丹野拓・米田文孝
127 古代地方木簡のパイオニア 伊場遺跡 鈴木敏則
128 縄文の女性シャーマン カリンバ遺跡 木村英明・上屋眞一
129 日本海側最大級の縄文貝塚 小竹貝塚 町田賢一
130 邪馬台国時代の東海の王 東之宮古墳 赤塚次郎
131 平安末期の広大な浄土世界 鳥羽離宮跡 鈴木久男
132 戦国・江戸時代を支えた石 小田原の石切と生産遺跡 佐々木健策
133 縄文漆工芸のアトリエ 押出遺跡 水戸部秀樹
134 装飾古墳と海の交流 虎塚古墳・十五郎穴横穴墓群 稲田健一
135 ヤマト王権誕生の礎となったムラ 唐古・鍵遺跡 藤田三郎
136 サヌカイトに魅せられた旧石器人 二上山北麓遺跡群 佐藤良二
137 沖縄戦の発掘 沖縄陸軍病院南風原壕群 池田榮史
138 河内平野をのぞむ大型群集墳 高安千塚古墳群 吉田野乃・藤井淳弘
139 ドイツ兵捕虜の足跡 板東俘虜収容所 森 清治
140 物部氏の拠点集落 布留遺跡 日野 宏
141 豪華な馬具と朝鮮半島との交流 船原古墳 甲斐孝司・岩橋由季
142 海上他界のコスモロジー 大寺山洞穴の舟葬墓 岡本東三
143 東京下町の前方後円墳 柴又八幡神社古墳 谷口 榮
144 日本古代国家建設の舞台 平城宮 渡辺晃宏
145 琉球王国の象徴 首里城 當眞嗣一
146 大配石と異形の土偶 金生遺跡 新津 健
147 巨大古墳の時代を解く鍵 黒姫山古墳 橋本達也
148 吉備の超巨大古墳 造山古墳群 西田和浩

文化財保存全国協議会 編
文化財保存 70 年の歴史
明日への文化遺産
ISBN978-4-7877-1707-8

平城宮跡・池上曽根遺跡・伊場遺跡等々、戦後経済発展のもとで、破壊され消滅した遺跡、守り保存された遺跡の貴重な記録。戦後 70 年間に遺跡がたどってきた歴史を検証し、文化遺産のこれからを考える。
A5 判上製／ 392 頁／ 3800 円＋税

勅使河原 彰 著
縄文時代史
ISBN978-4-7877-1605-7

激変する自然環境のなかで、縄文人はどのように自然と折り合いをつけて独自の縄文文化を築き上げたのか。最新の発掘と科学研究の成果をとりいれて、縄文時代のはじまりから終焉までを描く。図版・写真多数収録。
四六判上製／ 336 頁／ 2800 円＋税

井口直司 著
縄文土器ガイドブック
縄文土器の世界
ISBN978-4-7877-1214-1

私たちの心の奥底をゆさぶる縄文土器の造形。しかし、博物館や解説書で「○○式」「△△文」といった暗号のような説明を読むと、熱がさめていく。考古学による土器の見方、縄文時代のとらえ方をじっくり解説。
A5 判／ 200 頁／ 2200 円＋税

三上徹也 著
縄文土偶ガイドブック
縄文土偶の世界
ISBN978-4-7877-1316-2

土偶の姿はあまりにも多様。国宝に指定された素晴らしい土偶があるかと思えば、粗末な作りでバラバラに壊れ破片となったものもたくさんある。縄文人は何のために土偶を作り、どのように用いていたのだろうか。
A5 判／ 212 頁／ 2200 円＋税

小林謙一・工藤雄一郎・国立歴史民俗博物館 編
増補 **縄文はいつから !?**
地球環境の変動と縄文文化
ISBN978-4-7877-1213-4

10 万年に一度の気候大変動のなかで、ヒトは土器を発明し、弓矢をもち、定住をはじめた。縄文時代の幕があがる。今につづく生活様式の基盤、縄文文化のはじまりを問う、歴博で行われたシンポジウムを書籍化。
A5 判／ 260 頁／ 2400 円＋税

工藤雄一郎 著
旧石器・縄文時代の環境文化史
高精度放射性炭素年代測定と考古学
ISBN978-4-7877-1203-5

最終氷期から後氷期にかけて、旧石器時代人、縄文時代人はどのように生きてきたのか。最新の放射性炭素年代測定の成果を通じ、その変化を読み解く。列島各地の縄文土器の年代測定値などデータを豊富に収録。
B5 判上製／ 376 頁／ 9000 円＋税

工藤雄一郎・国立歴史民俗博物館 編
ここまでわかった ！
縄文人の植物利用
ISBN978-4-7877-1317-9

マメ類を栽培し、クリやウルシ林を育てる…狩猟採集生活をおくっていたとされる縄文人が、想像以上に植物の生育環境に積極的に働きかけ、貴重な資源を管理していたことがわかってきた。カラー写真・図版で解説。
A5 判／ 228 頁／ 2500 円＋税

工藤雄一郎・国立歴史民俗博物館 編
さらにわかった ！
縄文人の植物利用
ISBN978-4-7877-1702-3

好評「縄文人の植物利用」第 2 弾。鳥浜貝塚の縄文時代草創期～前期の資料の調査からわかってきた植物利用の初源の姿を紹介し、東名遺跡などで大量に出土した「カゴ」から、縄文人のカゴ作りを解明する。
A5 判／ 216 頁／ 2500 円＋税

勅使河原 彰 著
考古学研究法
遺跡・遺構・遺物の見方から歴史叙述まで
ISBN978-4-7877-1310-0

発掘調査等でえた史料をどう分析し何を読み取るのか。そして、それらをどのように総合して歴史を叙述するのか。豊富な事例をあげて具体的にわかりやすく解説する。学生・考古学を本格的に勉強したい人必携の書。
B5 判／ 208 頁／ 3500 円＋税

辰巳和弘 著
古代をみる眼
考古学が語る日本文化の深層
ISBN978-4-7877-1416-9

「古墳、水辺、坂（峠）、巨樹、山嶺など、列島の先人たちが他界との接点、あるいは境界領域をいかに捉え、いかに働きかけたかを思考する試みです。古代的心意の探求におつきあいください。」（まえがきより）
A5 判／ 240 頁／ 2000 円＋税

の王へ

弥生時代に奈良盆地でもっとも高い生産力をもった地域集団は、古墳時代に「おおやまと」古墳集団となって佐紀古墳集団をとり込み、ヤマトの支配を実現し王権を確立した。ヤマト王権の成立過程を探る。

A5 判／ 272 頁／ 2500 円＋税

蘇我氏の出自は渡来人。飛鳥に大王を招き入れたのが蘇我氏である。渡来人のリーダーとなり、先進的、開明的な思想をバックボーンにもちながら、飛鳥の地を大規模開発した。蘇我氏はまさに飛鳥とともにあった。

A5 判／ 264 頁／ 2500 円＋税

古墳とは何か

1504-3

邪馬台国、古墳の出現、弥生時代から邪馬台国への争乱の時代をめぐる石野博信と考古学者の論戦！
佐原真・水野正好・田中琢・森浩一・西谷正・都出比呂志・白石太一郎・菅谷文則・鈴木靖民・上田正昭他

四六判上製／各 2300 円＋税

古墳群

る

戦後、開発で多くの古墳が破壊され、主要巨大古墳が天皇陵・陵墓参考地としてベールに包まれたままの百舌鳥古墳群。地元堺市に生まれ育った著者が自らの調査と保存運動の体験から百舌鳥古墳群の全体像に迫る。

A5 判／ 260 頁／ 2500 円＋税

武家屋敷・町屋

江戸の街並みは消えてしまったが、地下には江戸の痕跡が眠っている。再開発によって目覚めた江戸の遺跡から「江戸のなりたち」を探訪する。

ISBN978-4-7877-0618-8 ／ 0713-0 ／ 0801-4

A5 判／各 1800 円＋税

描

河内湖周辺の拠点集落である西ノ辻遺跡、鬼虎川遺跡、瓜生堂遺跡、亀井遺跡などの発掘調査に携わってきた著者が、こうした村々の生産と文化をくわしく分析し、弥生文化とは何だったのかを考察する。

B5 判上製／ 324 頁／ 8000 円＋税

ムラ

弥生時代遺跡の発掘に長年携わってきた考古学者の集大成。列島に「クニ」が生まれる直前の農業生産のあり方、集落の姿とその連合、都市の成立、弥生実年代など、弥生時代にかかわる論争点を明解に論じる。

B5 判上製／ 432 頁／ 10000 円＋税

主に関西・大阪をフィールドに弥生・古墳時代の発掘調査と研究を進めてきた著者がこれまで公表した古墳時代にかかわる考察を収載。物集女車塚古墳、北・中河内地域の古墳編年、花草山古墳群・五里山古墳群など。

B5 判上製／ 348 頁／ 10000 円＋税

巻〉

重んじ、古代史の一。その膨大な調を5冊にまとめる。

第１巻 古墳時代を考える
第２巻 和泉黄金塚古墳と銅鏡
第３巻 渡来文化と生産
第４巻 倭人伝と考古学
第５巻 天皇陵への疑惑

23-4/1524-1/1525-8

四六判上製／各 2800 円＋税

御所野縄文博物館 編

縄文ムラの原風景
御所野遺跡から見えてきた縄文世界

ISBN978-4-7877-1922-5

岩手県一戸町の台地にある御所野遺跡は、縄文時代中期後半に約 800 年続いたムラの跡である。ここでわかった新たな縄文人の世界を、最新の研究成果からみていく。一つの遺跡から縄文人の世界を復元する試み。

A5 判／ 96 頁／ 1600 円＋税

御所野縄文博物館 編

世界から見た北の縄文

ISBN978-4-7877-1818-1

縄文文化は、日本列島のなかの特殊な文化ではなく、東アジアの東北部から極東地域の定着的な狩猟採集民の文化のひとつで、その特徴を最も典型的にあらわしているのが、北海道・北東北の縄文文化です。

A5 判変型／ 164 頁／ 1800 円＋税

御所野縄文博物館 編

環状列石ってなんだ

ISBN978-4-7877-1819-8

世界遺産の推薦候補「北海道・北東北の縄文遺跡群」の特色のひとつが、大湯や忍路の巨大な環状列石。小杉康、小林克、大島直行、八木光則ら考古学者が、最新の研究成果を紹介する環状列石ガイドブック。

A5 判変型／ 172 頁／ 1800 円＋税

「考古学の道標」編集委員会 編

考古学の道標
考古学者・戸沢充則の軌跡

ISBN978-4-7877-1413-8

戦後考古学、なかでも岩宿時代（旧石器時代）の解明に大きな足跡を残した戸沢充則の未公刊・単行本未収録の論考・エッセイを収載。これからの考古学の進むべき道を示している。著作目録と講演一覧、年譜収録。

A5 判上製／ 336 頁／ 3800 円＋税

戸沢充則 著

道具と人類史

ISBN978-4-7877-1210-3

人類が最初に作った石のオノ、ナイフ、動物の骨で作った釣り針、縄文人が作った土器・土偶等を、現代人の日常生活とかかわらせて読み解いていく。
「文明の進歩は人類にとって本当は危険かもしれない」

四六判上製／ 136 頁／ 1600 円＋税

戸沢充則 著

考古学のこころ

ISBN978-4-7877-0304-0

旧石器発掘捏造事件の真相究明に尽力した著者がその経過と心情を語り、自らの研究を検証するとともに、学問の道を導いてくれた先人達の考古学への情熱と研究を振り返り、考古学のこころの復権を熱く訴える。

四六判上製／ 240 頁／ 1700 円＋税

戸沢充則 著

考古地域史論
地域の遺跡・遺物から歴史を描く

ISBN978-4-7877-0315-6

落葉広葉樹林が与える植物性食物の利用によって八ヶ岳山麓に栄えた「井戸尻文化」、海の幸を媒介として広大な関東南部の土地を開拓し生みだされた「貝塚文化」等の叙述から、今後の考古学の可能性を追究する。

四六判上製／ 288 頁／ 2500 円＋税

戸沢充則 著

歴史遺産を未来へ残す
信州・考古学の旅

ISBN978-4-7877-0514-3

高度経済成長のもと、開発のために多くの遺跡が姿を消し、その事前調査にかりだされた考古学は、学問としての存立基盤を見失いつつある。信州の歴史遺産の危機と未来へ残す試みを紹介し、学問の確立を訴える。

四六判上製／ 296 頁／ 2500 円＋税

戸沢充則 著

語りかける縄文人

ISBN978-4-7877-0709-3

太古の歴史と考古学はいま大きな曲がり角に来ている。縄文文化が喧伝される一方で教科書から縄文時代が消えようとしている。こうした状況を「縄文人は怒ってる」として、縄文文化の意味を問い直した講演録。

A5 判／ 224 頁／ 1800 円＋税

諏訪間 順 著

相模野台地の旧石器考古学

ISBN978-4-7877-1915-7

関東地方の西部に位置する相模野台地は、日本列島の中でも石器群の層位的出土事例に最も恵まれたフィールド。層位的出土例から細分された石器群の変遷を基本として、石器石材研究から当時の行動領域等を追究。

B5 判上製／ 296 頁／ 9000 円＋税

54　縄文人を描いた土器　和台遺跡　新井達哉
55　古墳時代のシンボル　仁徳陵古墳　一瀬和夫
56　大友宗麟の戦国都市　豊後府内　玉永光洋・坂本嘉弘
57　東京下町に眠る戦国の城　葛西城　谷口 榮
58　伊勢神宮に仕える皇女　斎宮跡　駒田利治
59　武蔵野に残る旧石器人の足跡　砂川遺跡　野口 淳
60　南国土佐から問う弥生時代像　田村遺跡　出原恵三
61　中世日本最大の貿易都市　博多遺跡群　大庭康時
62　縄文の漆の里　下宅部遺跡　千葉敏朗

◆**第Ⅳ期［全27冊］**　セット函入40500円＋税

76　遠の朝廷　大宰府　杉原敏之
77　よみがえる大王墓　今城塚古墳　森田克行
78　信州の縄文早期の世界　栃原岩陰遺跡　藤森英二
79　葛城の王都　南郷遺跡群　坂 靖・青柳泰介
80　房総の縄文大貝塚　西広貝塚　忍澤成視
81　前期古墳解明への道標　紫金山古墳　阪口英毅
82　古代東国仏教の中心寺院　下野薬師寺　須田 勉
83　北の縄文鉱山　上岩川遺跡群　吉川耕太郎
84　斉明天皇の石湯行宮か　久米官衙遺跡群　橋本雄一
85　奇偉荘厳の白鳳寺院　山田寺　箱崎和久
86　京都盆地の縄文世界　北白川遺跡群　千葉 豊
87　北陸の縄文世界　御経塚遺跡　布尾和史
88　東西弥生文化の結節点　朝日遺跡　原田 幹
89　狩猟採集民のコスモロジー　神子柴遺跡　堤 隆
90　銀鉱山王国　石見銀山　遠藤浩巳
91　「倭国乱」と高地性集落論　観音寺山遺跡　若林邦彦
92　奈良大和高原の縄文文化　大川遺跡　松田真一
93　ヤマト政権の一大勢力　佐紀古墳群　今尾文昭
94　筑紫君磐井と「磐井の乱」　岩戸山古墳　柳沢一男
95　東アジアに開かれた古代王宮　難波宮　積山 洋
96　鉄道考古学事始　新橋停車場　斉藤 進
97　北の自然を生きた縄文人　北黄金貝塚　青野友哉
98　北方古代文化の邂逅　カリカリウス遺跡　椙田光明
99　弥生集落像の原点を見直す　登呂遺跡　岡村 渉
100　「旧石器時代」の発見　岩宿遺跡　小菅将夫
別3　**ビジュアル版**　縄文時代ガイドブック　勅使河原彰
別4　**ビジュアル版**　古墳時代ガイドブック　若狭 徹

第2ステージ〈101～200巻〉好評刊行中！　各1600円＋税

●**第Ⅴ期［全25冊］**　セット函入40000円＋税

101　北のつわものの都　平泉　八重樫忠郎
102　古代国家形成の舞台　飛鳥宮　鶴見泰寿
103　黄泉の国の光景　葉佐池古墳　栗田茂敏
104　島に生きた旧石器人　沖縄の洞穴遺跡と人骨化石　山崎真治
105　古市古墳群の解明へ　盾塚・鞍塚・珠金塚古墳　田中晋作
106　南相馬に躍動する古代の郡役所　泉官衙遺跡　藤木 海
107　琵琶湖に眠る縄文文化　粟津湖底遺跡　瀬口眞司
108　北近畿の弥生王墓　大風呂南墳墓　肥後弘幸
109　最後の前方後円墳　龍角寺浅間山古墳　白井久美子
110　諏訪湖底の狩人たち　曽根遺跡　三上徹也
111　日本海を望む「倭の国邑」　妻木晩田遺跡　濵田竜彦
112　平城京を飾った瓦　奈良山瓦窯群　石井清司
113　縄文のタイムカプセル　鳥浜貝塚　田中祐二
114　九州の銅鐸工房　安永田遺跡　藤瀬禎博
115　邪馬台国時代のクニの都　吉野ヶ里遺跡　七田忠昭
116　よみがえる金堂壁画　上淀廃寺　中原 斉
117　船形埴輪と古代の喪葬　宝塚一号墳　穂積裕昌
118　海に生きた弥生人　三浦半島の海蝕洞穴遺跡　中村 勉
119　東アジアに翔る上毛野の首長　綿貫観音山古墳　大塚初重・梅澤重昭
120　国宝土偶「仮面の女神」の復元　中ッ原遺跡　守矢昌文
121　古墳時代の南九州の雄　西都原古墳群　東 憲章
122　石鍋が語る中世　ホゲット石鍋製作遺跡　松尾秀昭
123　出雲王と四隅突出型墳丘墓　西谷墳墓群　渡辺貞幸

坂　靖 著
ヤマト王権の古
「おおやまと」の王から
ISBN978-4-7877-2002-3

坂　靖 著
蘇我氏の古代学
飛鳥の渡来人
ISBN978-4-7877-1806-8

石野博信討論集
[1] 邪馬台国とは何か
[3] 倭国乱とは何か
ISBN978-4-7877-1204-2／12

宮川 徏 著
よみがえる百舌
失われた古墳群の実像に
ISBN978-4-7877-1805-1

追川吉生 著
江戸のなりたち
[1] 江戸城・大名屋敷
[3] 江戸のライフライン

秋山浩三 著
河内弥生文化の
ISBN978-4-7877-2017-7

秋山浩三 著
弥生時代のモノと
ISBN978-4-7877-1703-0

秋山浩三 著
古墳時代のモノと
ISBN978-4-7877-1815-0

森浩一著作集編集委員会
森 浩一著作集〈全
何よりも自身の目でみること
真実を追究した考古学者・森
査と学問への情熱に満ちた論
ISBN978-4-7877-1521-0／1522-7／

【報告】

世界の墳墓と世界遺産

中久保辰夫

二〇一九年七月に古市・百舌鳥古墳群が、百舌鳥・古市古墳群（Mozu-Furuichi Kofun Group: Mounded Tombs of Ancient Japan）として世界文化遺産に登録されました。

世界には、土や石を用いた壮大な墳丘をもつ墓があります。UNESCOのホームページ（https://whc.unesco.org/en/list/）で、世界遺産リストをみますと、「tomb」で検索すると一六六の構成資産、「tumulus」では二三の構成資産、「burial mound」では一六の構成資産がヒットします。「burial mound」を例にあげると、日本の「百舌鳥・古市古墳群」と「「神宿る島」宗像・沖ノ島と関連遺産群」、イギリスの「ストーンヘンジ、エーヴベリーと関連する遺跡群」、韓国の「朝鮮王陵」、デンマークの「イェリング墳墓群、ルーン文字石碑群と教会」、アイルランドの「ブルー・ナ・ボーニャ　ボイン渓谷の遺跡群」、バーレーンの「ディルムン墳丘墓群」などがあり、なかにはアルジェリアの「タッシリ・

ナジェール」のような遺跡内の一部に墳丘墓が含まれているものもあります。実は「mounded tomb」では、日本の古墳しか検索にひっかかりません。単に「墓」といえば、墳丘墓に限らず、墓地や霊廟などさまざまな形態が含まれますし、「墳丘墓」にはさまざまな訳語があります。英語以外の外国語に翻訳するときには、さらに複雑となるでしょう。

そして、世界の墳丘墓、墳墓がおかれている環境と比較したときに、日本の古墳をどういう視点で比較すればいいのか。たとえば、古墳をとりまく都市化の問題、また樹木が繁茂している状況で墳丘が傷んでくる、また周壕がめぐっている古墳ではその水によって墳丘の裾が浸食されるということがあります。

私も陵墓関係一六学・協会の見学の機会に、そういった陵墓の状況を見学して、墳丘が削れている部分や損壊している部分に気づき、これは問題だと感じるようになりました。他の国の墳丘墓と比較しても、日本の古墳というのは、その保全にかなり注意をしなければいけないのだということにも気づいてきたところです。

世界の墳墓と日本の古墳を比較するというと、よくエジプトのピラミッドや秦の始皇帝陵、韓国の墳丘墓などの比較研究はありますが、今回はあまり比較対象となってこなかったヨーロッパの墓や、最近注目を集めているトルコを中心にした墓などを紹介しながら、わかってきた日本の古墳の特徴と世界遺産になって、今後一生懸命守らなければならない部分について話していきます。

古墳は日本全国で約一六万基があるといわれています。おそらく数はふえると思います。日本列島の南東北から南九州まで数多くつくられました。この古墳をつくった古墳時代について、世界各地のいろいろな墳丘墓の文化と比較するという視点は、これまでも充分になされてきたと思います。また、日本の古墳や古墳時代の歴史的な特徴、もしくは学問的なおもしろさを英語で世界に発信するということは、この一〇年の間でかなり進んできました。

二〇一八年には日本の古墳とヨーロッパの墳丘墓を比較するという本も英語で刊行されました(Knopf, et al., 2018)。イギリスの学術雑誌 Antiquity にその書評が掲載され、これまで日本語という言葉の壁があったが、これで比較できるようになるのではないか、という好意的な意見も記されました(Meinecke, 2019)。ただ、このシンポジウムの冒頭に宮川徏氏が言われたように、どのように日本の古墳をうまく理解してもらえばいいのか、前方後円墳や古墳そのものの訳語をどうしていけばいいのかという問題が、あらためておこってきます。たとえば、UNESCO の世界遺産リストでは、「tumulus」で検索すると百舌鳥・古市古墳群とともに、中国の「秦始皇帝陵および兵馬俑坑」や中国・北朝鮮の「高句麗前期の都城と古墳」、韓国の「慶州歴史地区」が結果として表示されますが、「burial mound」を検索すると、このうち百舌鳥・古市古墳群しかヒットしません。また、世界のさまざまな墳墓を日本語に訳すときに、それを単に“Kofun”としていいのかということも、あらためて出てきた問題になっています(福永 二〇一九)。

そして、日本の古墳研究が培ってきた墳丘の精緻な分析ないしは調査が、あらためて重要だということも最近わかってきました。そういったことも踏まえて墳墓をとり巻く環境や保全、公開の必要性も含めて、私が実際に見てきた世界の墳墓を中心に、こういったものがあるということを紹介していきます。

1　世界の墳墓・墳丘墓

まず、欧州新石器時代の墳墓から、大規模墳丘墓を中心に、筆者が実際に現地を訪れて見学した墳丘墓について、概要とそれをとりまく環境、活用事例などを紹介していきたいとおもいます。

フランス　バルヌネズ墳墓

フランスのブルターニュ地方にあるバルヌネズ墳墓（Grand cairn de Barnenez）（図1）は、墳丘長が七五メートル、幅二八メートル、残存高六メートル、一一基の石室を有する非常に大きな墓です（ロラン＝ネスプルス二〇一六）。ヨーロッパの新石器時代のこのような大きな墓と日本の古墳とは、どういった違いがあるのか比較しようということから現地を見学してきました。

現地の研究者の方々に話をうかがってわかってきたのは、このような石を用いた墳丘は一回で構築されたものではなく、千年から二千年をかけて大きな墓になったということ

図1　フランス　バルヌネズ墳墓（筆者撮影、以下同様）

です。バルヌネズ墳墓は、一一基の石室をもちますが、五基の石室を内包する東側墳丘がまず構築され、その後、六基の石室をもつ西側墳丘がのちに構築されています。東側墳丘構築は紀元前五〇一〇〜紀元前四四〇〇年におこなわれ、西墳丘は紀元前四五五〇〜紀元前三八九五年に築造されたことが年代測定から判明しています。最大規模の古墳でも二〇年未満で完成し、完成後に増築や再構成はなされず、数世代をこえた埋葬行為が顕著ではない日本の巨大前方後円墳と比較すると、その差異が際立ってくるといえます。

なお、バルヌネズ墳墓は墳丘が段状になっていますが、これが本来の形かどうかということもわからないということでした。これをどういうふうに調査・整備すべきかということが現地では非常に大きな問題になっているということもうかがいました。また、上質な石材を目当てに一九五五年に積石墳丘西側が重機によってえぐられています。

墳丘へのアクセスは可能で、墳丘の上に登って見学することもできます。樹木などは生えていませんし、周濠もありません。

フランス　サンミシェル墳墓（Tumulus Saint Michel）

ブルターニュ地方には、新石器時代の墳丘長一二五メートル、幅六〇メートル、高さ一〇メートル、内部に一三基の石室があるサンミシェル墳墓があります（図2）。石積み楕円形墳丘であり、内部には少なくとも一三基の石室があり、紀元前五〇〇〇年紀中葉の築造と考えられています。一九世紀中葉から二〇世紀初頭に発掘調査されました。これも非常に大きな墓です。この墓も築造当初は、中央の石室をおおう墳墓であったものが、千年を超えて使用され、これが最終形態となったのです。それでわかったのは、埋葬施設を先につくって墳丘を後につくるという墳丘後行型が、世界ではどちらかというと一般的だということです。

日本の古墳は基本的には、墳丘を先につくって埋葬施設を上にもってくるという墳丘先行型で、実は、めずらしい事例であるということもわかってきました。

サンミシェル墳墓は墳丘に登れますし、木もありません。周囲の都市化も顕著ではありません。

フランス　ブゴン墳墓群(Tumulus de Bougon)

ブゴン墳墓群は、ポワトゥー＝シャラント地域圏にある新石器時代の紀元前五〇〇〇年紀前半から三〇〇〇年に築造された七

図２　フランス　サンミシェル墳墓

基が群集する墳墓群です（ロラン＝ネスプルス二〇一四）（**図3**）。それぞれの墳墓に周濠はともないません。最大規模のF号墳は、墳丘長七二メートル、幅一二～一六メートル、高さ三メートルです。

この墳墓群もはじめからこの規模で構築されたわけではなく、千年から二千年をかけて、最終形態としてこの規模になったのです。整備されていて、墳丘に登れます。博物館が隣接していて、巨石墳墓の築造過程に関する教育的内容の多くのイベントがひらかれています（岡村二〇一九）。

イギリス　ウェストケネット長方形墳

（West Kennet Long Barrow）

ブリテン島南部に「ストーンヘンジ、エーヴベリーと関連する遺跡群」として世界文化遺産になっているウェストケネット長

図3　フランス　ブゴン墳墓群

方形墳があります（図4）。新石器時代（紀元前三六五〇年頃）に築造され、墳丘長約一〇〇メートル、幅二五メートル、高さ三・二メートルの長台形の墳丘墓です。周壕はありません。墳丘へ登ることができます。

石室内から四六体以上の人骨が出土し、約千年間は使われつづけただろうと言われています。こうして新石器時代の事例をお話ししていて気づくことは、墳丘墓という言葉を使っていても、その利用の年数というのは非常に異なっているということです。

アイルランド　ニューグレンジ墳丘墓（Newgrange）

アイルランドのニューグレンジ墳丘墓もヨーロッパ新石器時代の代表的な墳墓です。「ブルー・ナ・ボーニャボイン渓谷の遺跡群」として世界文化遺産に登録されています。この墳丘墓も、いままで紹介したものとよく似た原理でつくられています。墳丘長八五メートル、高さ一四メートルの円形墳で、羨道が一一メートルにもなります。残念ながら現地には、まだ行けていませんが、こ

図4　イギリス　ウェストケネット長方形墳

の墳丘墓は、一年でもっとも日が短い冬至の明け方、日の出の光が長い羨道を通って石室に差し込むということで有名です。応募してあたれば、その光が差し込む瞬間を見学できるという「冬至くじ」というものがあるそうです（岡村二〇一九）。二〇一八年には二万八五九五名の応募があったとのことで、墳丘墓活用の一つの事例としてとり上げました。

ドイツ　マグダレーネンベルク墳丘墓（Magdalenenberg）

ドイツのバーデン＝ヴュルテンベルク州にあるマグダレーネンベルク墳丘墓は、墳丘長は一〇四メートルを測る鉄器時代の墳丘墓です（**図5**）。周濠はありません。墳丘は中央に木室がまず構築され、その後に盛り土によって墳丘が築造されており、一二六もの墓が同一墳丘に築かれています。墳丘後行型・同時進行型です。中央墓室の年代は、年輪年代によって紀元前六一六年ということがわかっています。

現在の墳丘は調査後に復元されたもので、築造当初の

図5　ドイツ　マグダレーネンベルク墳丘墓

墳丘高は、不明です。墳丘には登れますし、埋葬施設の復元模型を近隣の博物館で見学することができます。

一七世紀半ば、地域社会によって魔女と関係すると記憶されていて、魔女狩りの関連地となっています。

ドイツ　ホーミッシェル墳丘墓（Hohmichele）

ドイツ南部のホーミッシェル墳丘墓（**図6**）は、紀元前七世紀末から紀元前六世紀末の鉄器時代に築造された直径八三メートルの非常に大きな墓です。墳丘へ登ることができます。

墳丘後行型の墓ですから、埋葬施設を調査しようとすると、墳丘を取り除かなければなりません。テュービンゲン大学先史時代研究所によって調査されました。墳丘の三分の一を取り除いて埋葬施設を調査し、再度埋め直して復元していますが、元の墳丘の高さなどは今では不明

図6　ドイツ　ホーミッシェル墳丘墓

な点が多いです。

中国　秦始皇帝陵

秦の始皇帝陵は、紀元前三世紀に築造された南北五一五メートル、東西四八五メートルという推定もある巨大方墳で（図7）、「秦始皇帝陵及び兵馬俑坑」として世界遺産に登録されています。周壕はありません。墳丘は樹木におおわれていて、二〇一八年に訪れた際には墳丘へのアクセスは制限されていました。

戦国時代には、基壇とあわせた一辺一〇〇メートル前後の方墳が特徴的でしたが、秦・漢代になって墳丘は段築方墳となり、陵園寝殿を中心とする複合的な構成となります。漢代の帝王陵は、一辺二〇〇〜三五〇メートルを測る巨大方墳で、茂陵（武帝の墓）はその代表的なものです。

新石器時代、ヨーロッパでは、必ずしも墳丘

図7　中国　秦始皇帝陵

そのものが最初から権力者の威光を見せるという意図でつくられたものではなく、結果として墳丘が巨大になったということがわかってきています。しかし、古代中国では、特定の政治権力者の実力を顕現させる政治的記念物として墳丘が用いられ、秦始皇帝陵はその代表格といえます。

トルコ　ゴルディオンＭＭ号墳（Gordion Tumulus MM）

西アジアでは、三〇〇メートルを超えるような大きな墳丘墓が、最近注目を集めています。トルコのゴルディオンＭＭ号墳は、直径約三〇〇メートルの墳丘後行型の巨大円墳です。一九五七年に調査され、内部の木槨墓には豊富な副葬品がおさめられていました。木槨墓の年輪年代測定によって、紀元前七四〇年代に築造されたと考えられています。最近では、周辺に一九二基の墳丘墓が確認されています。周濠はなく、樹木も繁茂していません。周囲は都市化もしていません。

トルコ　ビンテペ大墳丘墓（the Lydian Tummuli of Bin Tepe）

リュディア王国の都サルディスから一〇キロ離れたところに、一〇〇を超える墳丘墓が築造されており、「サルディスの古代都市とビンテペのリュディア墳丘墓」として、世界遺産暫定リストに登録されています。ビンテペ大墳丘墓は墳丘長三五五メートル、高さ六三メートルもある巨大墳丘墓です。

アメリカ　カホキア遺跡（Cahokia Mounds State Historic Site）

カホキア遺跡は、アメリカ合衆国イリノイ州にあるミシシッピ文化期の遺跡で、「カホキア・マウンド州立史跡」として世界遺産に登録されています。遺跡の盛期は、一〇五〇年から一二五〇年で、その規模は一〇キロ平方メートルにもなります（佐々木二〇一四）。規模や形状の異なる一二〇の墳丘墓があり、最大のマンクス・マウンド（Monk's Mound）は底面規模三一六×二四〇メートル、高さ三〇・四メートル、盛り土の土量六一万四四七八立方メートルという巨大なもので（**図8**）、最終段階の頂上には平面形で三〇×一二メートルを測る巨大な建造物が築造されていました。西暦紀元後一〇〇〇年以前から三世紀の間、数段階に分かれて築造されました。実は墳丘墓かどうかは、わかっていません。

整備され、マウンドは登ることができます。周囲は都市化していません。

なお、マンクス・マウンドは、「僧侶の塚」と翻訳できますが、一九世紀に墳丘上に僧侶

図8　アメリカ　カホキア遺跡

が住んでいたことに由来する名称であり、遺跡の性格や機能とは関係のない通称といったものです。

2　墳丘研究の可能性と課題

日本の古墳の特徴点

以上、世界各地のいろいろな墓を紹介しました。日本の古墳と世界の墳丘墓を比較すると、次のようないくつかの特徴が浮かび上がってきます（福永二〇一九）。

一、日本の古墳は、築造と埋葬行為が比較的短期なのです。大仙陵古墳の築造が約一六年八カ月かかったであろうといっても、千年とか二千年を超えるような造墓行為ないしは埋葬行為というのはありませんから、比較的短期であるということです。

二、基本的に墳丘が先につくられて、墳丘そのものが儀礼空間として意味をもつということです。

三、前方後円形、前方後方形、円墳、方墳などの墳丘形態が規模とともに秩序ある多様性を有しています。

四、墳丘が統治の手段として政治性を帯びるということは明確であり、古墳を理解するうえで重要なキーワードとなっていると考えます。

以上の四点です。ここでは統治の手段としてという言葉と、もう一つは競争行為としての古墳という、そういうモデル化がなされていますが、それについては今後さまざまな議論が必要であろうと考えています。なかでも統治の手段としての墳丘墓築造というのは、有効な見方であろうと私自身も考えているところです。

今後の研究に向けて

いろいろな地域の古墳ないしは墳丘墓をみてまわり、その比較研究をするうえで一つ大きな問題がありました。それは、研究の初めに世界のそれぞれの墳丘測量図を集めようとしたのですが、日本のように充分な墳丘測量図がつくられていないのです。

二〇一六年にイスタンブールで開かれた「墳丘墓、特に地中海から中央アジアを対象とした古墳の比較研究」という国際学会の論文集（Henry, Kelp（Eds.）, 2016）に、世界各地の墓の集成図録があるのですが、墳丘の測量図はほとんどありませんでした。カホキア遺跡のマンクス・マウンドでは、一フィート単位での等高線で墳丘測量図が作成されている貴重な事例ですが、測量の単位の違いもあります。

墳丘測量図を正確に把握して、墳丘の形態や規模を正確にとらえるというのは、日本考古学が得意としているところです。しかし、世界のどこの地域でもそれをやっているというわけではないということがわかってきました。

また、墳墓の置かれた環境をみると、墳墓をとりまく都市化の問題、樹木の繁茂や周濠の水質環境などの問題もあります。

墳丘の正確な把握、これが世界の墳丘墓の研究にとっても、古墳の保全にも大切なことであろうと考えています。

また、古墳時代の人たちは墳丘に異常なこだわりをもって古墳をつくっています。当時の人たちの考えを学ぶためには、やはり墳丘の上で、その墳丘の特徴を学ぶことが研究にとっても教育にとっても、もっともよいでしょう。そういった意味で、やはり墳丘の公開というのは非常に重要であると考えます。

二〇一九年七月、アゼルバイジャンでひらかれたUNESCO世界遺産委員会では、イコモス評価書に航空レーザー測量（LiDAR）を用いた墳丘測量図の作成が推奨されています。百舌鳥・古市古墳群に限らず、二一世紀の時点での墳丘現状を正確に把握することは、古墳・墳墓研究の深化と発信、将来にわたる保全にかかせないことだと私は考えます。そして、このことは世界の墳墓と日本の古墳を比較する視座に立ったとき、よりいっそう明確になるでしょう。

参考文献
岡村勝行　二〇一九「欧州の墳丘墓マネジメント」『日本古墳研究リソースを活かした墳丘墓築造と社会関係の国際研究展開』（課題番号：15H01900）平成二七～三〇年度科学研究費助成事業　基盤研究（A）（一般）研究成果報告書　福永伸哉・上田直弥編　大阪大学大学院文学研究科
佐々木憲一　二〇一四「北アメリカから見た古墳時代考古学」『古墳時代の考古学』九、同成社
福永伸哉　二〇一九「日本の古墳と世界の墳丘墓」『日本古墳研究リソースを活かした墳丘墓築造と社会関係の国際研究展開』（課題番号：15H01900）平成二七～三〇年度科学研究費助成事業　基盤研究（A）（一般）研究成果報告書　福永伸哉・上田直弥編　大阪大学大学院文学研究科

ロラン＝ネスプルス　二〇一四「西ヨーロッパから見た古墳時代像」『古墳時代の考古学』九、同成社

ロラン＝ネスプルス　二〇一六「考古フォーカス　フランス　バルヌネズ墳墓とヨーロッパ巨石文化」『考古学研究』第六三巻第二号、考古学研究会

Henry, O., & Kelp, O. (Eds.). (2016). *Tumulus as sema: Space, politics, culture and religion in the first millenium BC*. De Gruyter.

Knopf, T., Steinhaus, W., & Fukunaga, S. (Eds.). (2018). *Burial mounds in Europe and Japan: Comparative and Contextual Perspectives*. Archaeopress.

Meinecke, M. (2019). Book Reviews: Thomas Knopf, Werner Steinhaus & Shin'ya Fukunaga (ed.). Burial mounds in Europe and Japan: Comparative and Contextual Perspectives (Comparative and Global Perspectives on Japanese Archaeology). *Antiquity, 93* (371), 1390-1392.

【報告】

調査手法の進展と「陵墓」情報の充実

新納　泉

考古学の調査手法全般について話すのはとても大変ですので、今回は、この一〇年ぐらいの間に非常に発達してきた三次元計測の技法、それを用いた研究に絞って話していきます。

1　国土地理院データの利用

絶妙な選地

国土地理院は、五メートル間隔の標高データを公表しています。これは誰でも使うことができます。**図1**は、このデータを使って、百舌鳥古墳群とその周辺の地形を表示したものです。道路などの改変

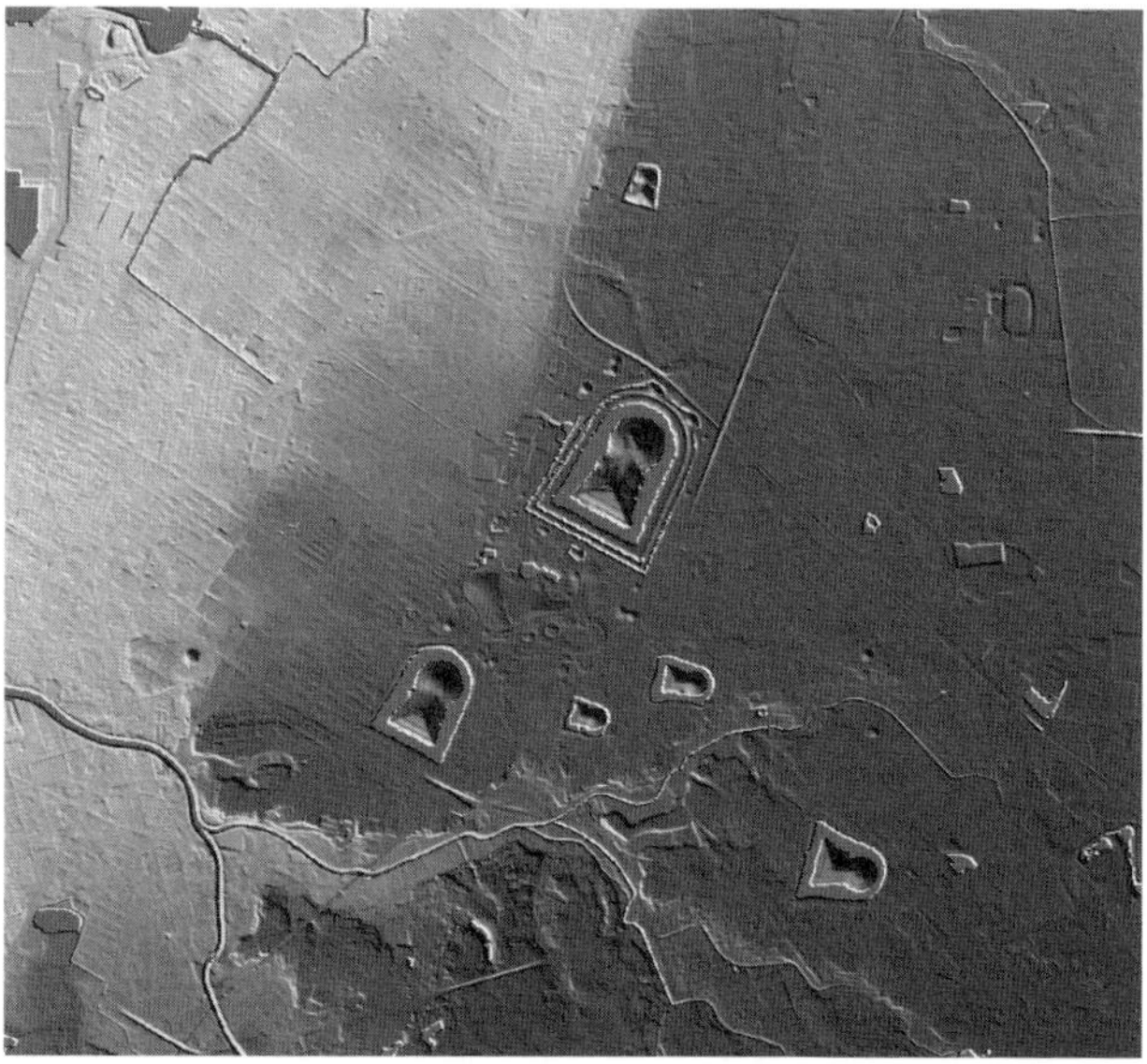

図 1　百舌鳥古墳群と周辺の地形（国土地理院基盤地図情報〈数値地形モデル〉 5 m メッシュ〈標高〉をもとに、岡山大学考古学研究室で開発した GISmap のプログラムを用いて作成）

図 2　百舌鳥古墳群と周辺の鳥瞰図（出典は図 1 に同じ。GRASS の niviz を用いて作成）

の跡も残っていますが、民家などはどういう技術を使ってかわかりませんけれども、うまく取り除いて地面を出していて微地形がよくあらわれています。

図2は、海側のほうから百舌鳥古墳群を鳥瞰図として見たものです。これを見ると、上石津《かみいしづ》ミサンザイ古墳（履中陵古墳）や大山《だいせん》古墳（仁徳陵古墳）は、地形を巧みに利用して段丘の縁辺部にできるだけ寄せ、海のほうからよく見えるようにつくっていることがわかります。これを奥のほうにつくってしまうと、海のほうからあまりよく見えなくなってしまいます。当時の人たちは、地形をいかにうまく利用して古墳をつくるかということをよく考えていたのだろうと思います。

上石津ミサンザイ古墳は、絶妙な場所を選択していると思います。河川の流路などもありませんし、かなり広い平坦地をうまく確保しています。ところが大山古墳は、海側の墳丘くびれ部の下あたりに小さな河川というか流路のようなものの名残がみられます。おそらく大山古墳をつくるときには、そういう難点があるけれども、もうここしか選びようがないということで選地をしているのでしょう。先ほどの上石津ミサンザイ古墳の選地は、非常にうまかったのですが、大山古墳の場合は、残された場所のなかでのやむをえない選地であったのではないかと思います。

断面からわかること

このデータをもう少し細かく見ていきましょう。

図3は、大山古墳の後円部を横切る形で断面をとったものです。周りの地形が、徐々にゆるやかに下ってくるその端の所をうまく選んでいることがわかります。

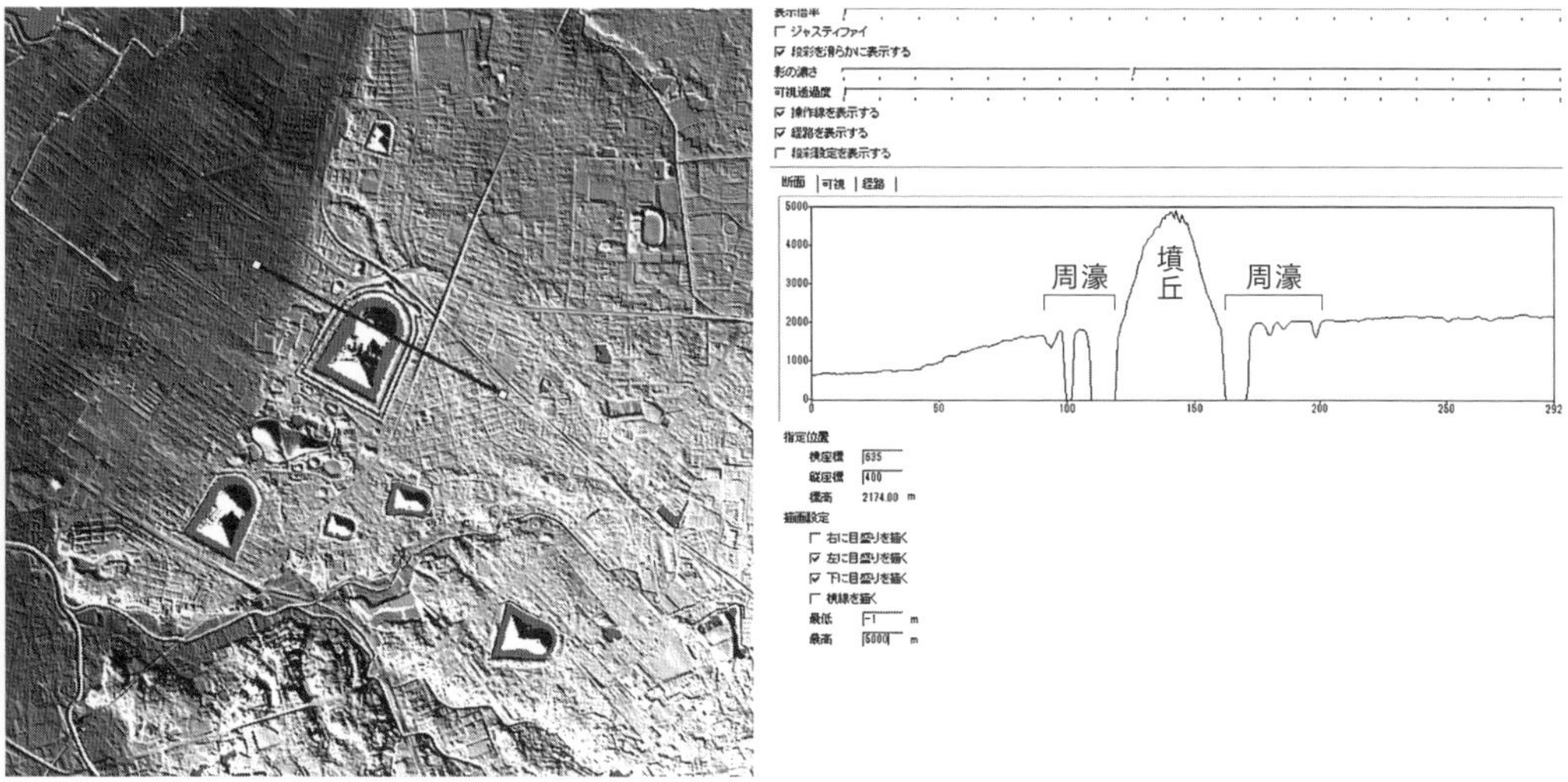

図 3　大山古墳と周辺地形断面図　主軸直交方向（出典は図 1 に同じ）

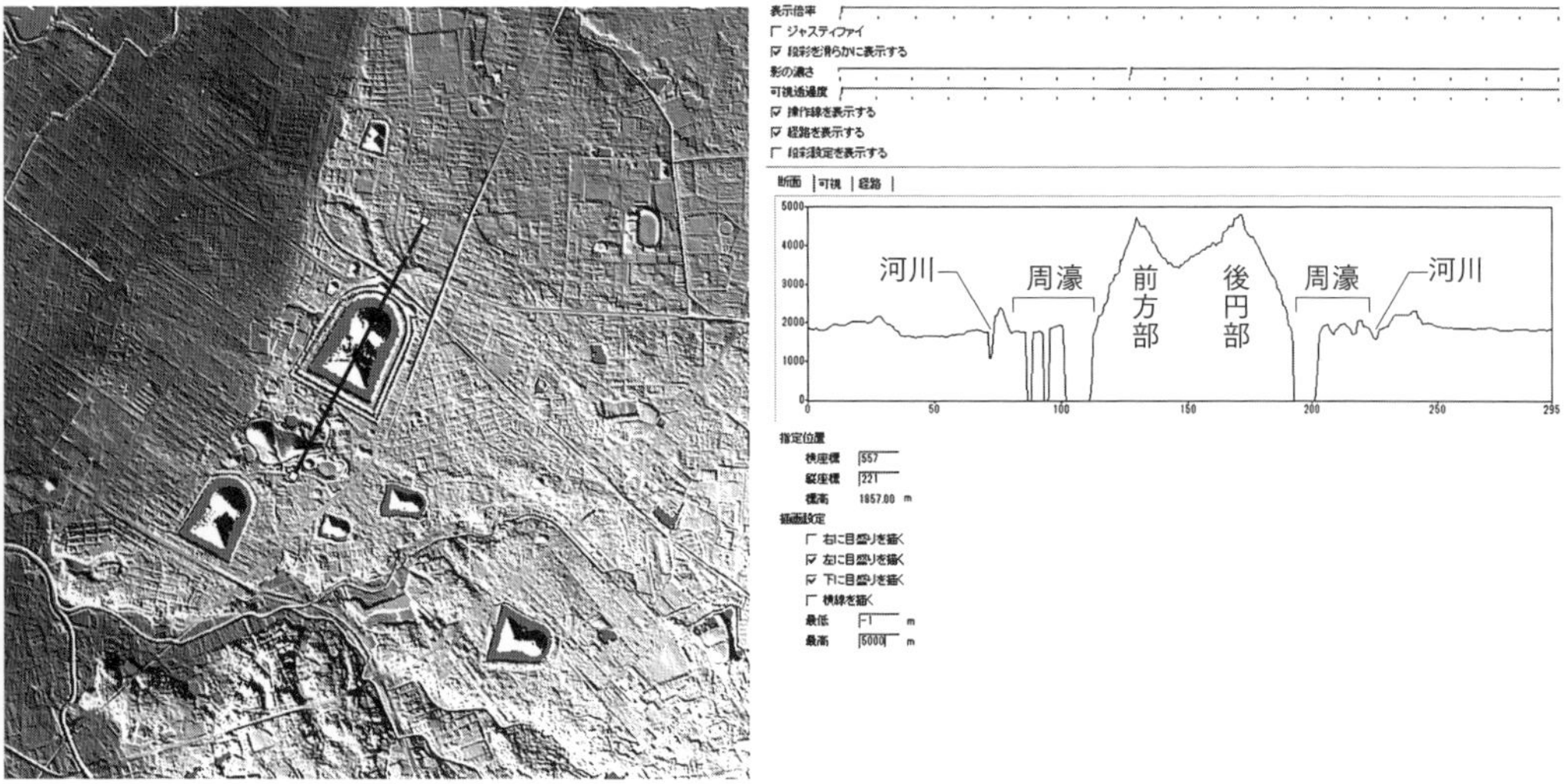

図 4　大山古墳と周辺地形断面図　主軸方向（出典は図 1 に同じ）

図4は、大山古墳の主軸に沿って断面をとったものです。周濠の部分はデータの関係で非常に落ち込んでいますが、それを無視してみると、かなりよい平坦地です。しかし、右にずれても左にずれても、小さな河川があるのがわかります。ちょうどその間におさまる絶妙の所に古墳を配置しています。当時の人たちは、どちらにもほとんど動かすことができないという所に古墳をつくっています。きわめて高度な地形を見る目をもった技術者が選地をおこなっているのだろうと思います。当時の人たちが、よい前方後円墳をつくろうと、必死で一番よい場所を選択したということが、この断面図から読みとれるのではないでしょうか。

それでも先にも述べたように、くびれ部の海側の所に河川が走ったりして、そのあたりで標高が落ちはじめています（図5）。ですから大山古墳の周堤は、この部分ではおそらくある程度盛り土をしてつくったのではないかと考えます。これは将来、宮内庁の調査で明らかになってくるでしょうが、これが大山古墳のやや難ありというところでしょうか。

以上は国土地理院のデータでわかったことです。もう少し三次元計測のデータが揃ってくれば、もっと細かい分析ができるのではないかと思います。

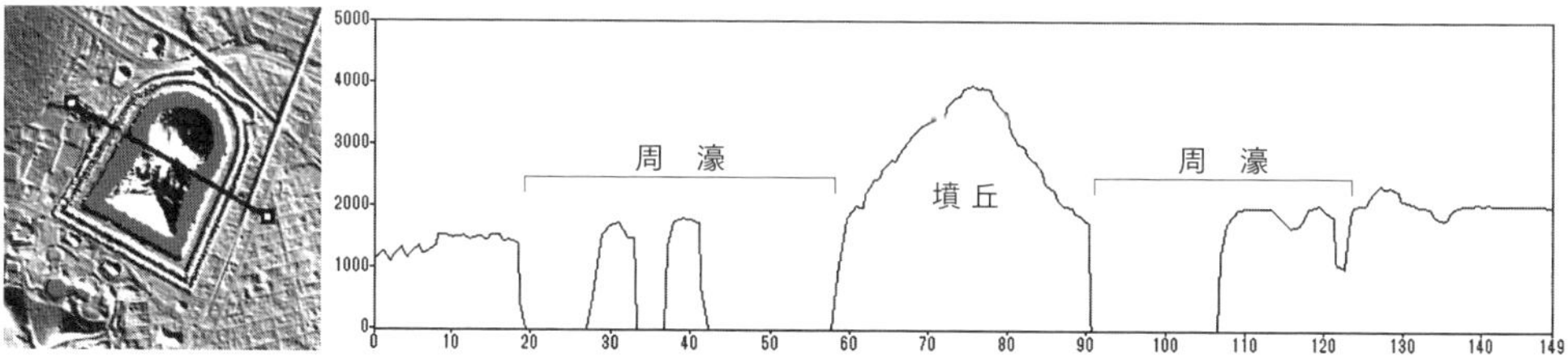

図5　大山古墳と周辺地形断面図　くびれ部主軸直交方向（出典は図1に同じ）

2　大山古墳の設計原理

上石津ミサンザイ古墳の姿

図6は、堺市教育委員会から提供を受けた三次元計測のデータに基づいて、上石津ミサンザイ古墳の墳丘を3Ｄで復元したものです。このように、きれいで完璧な形で墳丘が残っているのです。ちょっと崩れているところも見えますが、それ以外の所はほとんど変形を受けていません。陵墓であるとか、陵墓でないとかという問題はともかく、文化財としてこのすばらしい姿を次の世代、そして百年後、千年後にずっと残していきたいと思っています。**図7**は、前方部の前から見たところです。エジプトのピラミッドより美しいと私は思います。

大山古墳の設計

これまで私は、古市古墳群の誉田御廟山《こんだごびょうやま》古墳をはじめとして、いくつかの大古墳の設計原理を復元してきました。しかし、大山古墳については、一部がかなり崩れているし、幕末の修陵などの補修で形が変わっているかもしれないということもあって、ちょっと避けていましたが、今回あらためて挑戦してみようと思いました。

その結果、一部ちょっとわかりにくいところはありますが、今までの古墳と同じように、かなりの部分が非常に整った設計原理で説明できるということがわかってきました。**図8**は、実は一定の法則

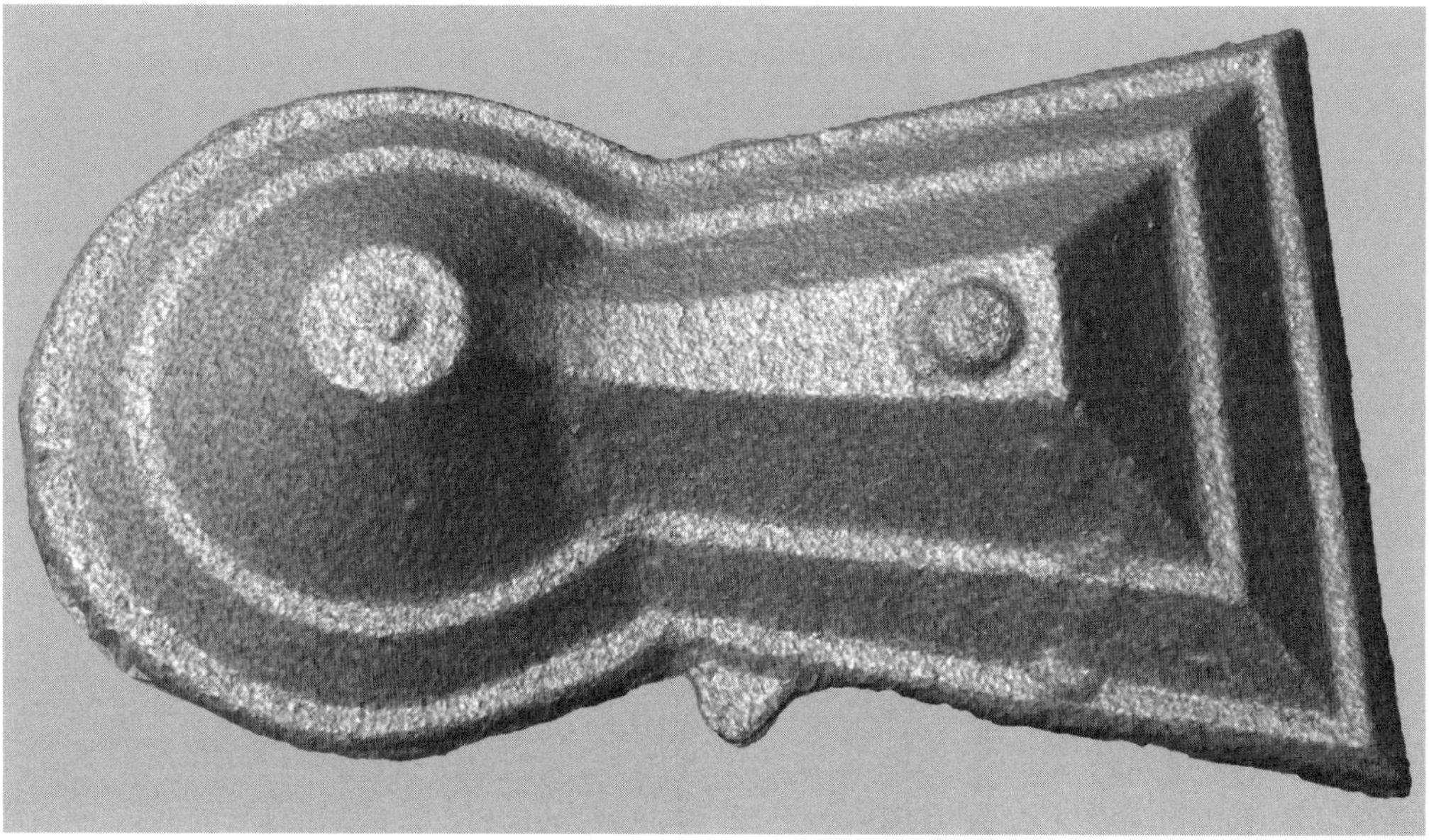

図6　三次元計測データで描く上石津ミサンザイ古墳の墳形1（筆者作成）

図7　三次元計測データで描く上石津ミサンザイ古墳の墳形2（筆者作成）

でプログラムを書いて、コンピュータに描かせたものをかぶせているので、私が恣意的に描いているものではありません。ただ、岸本直文さんの復元図（七七ページ）とは、かなり違うと思われるかもしれません。

岸本さんの考え方と私の考え方で一番大きく違うのは、墳丘の裾をどこに見るかという点です。岸本さんの復元図では墳端は周濠の中に沈んでいて周濠の底から墳丘がはじまるとしていますが、私はそうではなくて、当時の人たちは周濠の水から上に見える部分について墳丘の設計をおこない、周濠は周濠で別の設計をおこなっていると考えています。

どういうことかというと、段築のテラスの幅が基準になって、その何倍かということで後円部が設計されていると考えます。そして前方部の前面も同じように、テラスの幅が基準になってつくられているのです。非常に重要なのは、後円部と前方部でテラスの幅は違うのです。これは他の古墳も同じ

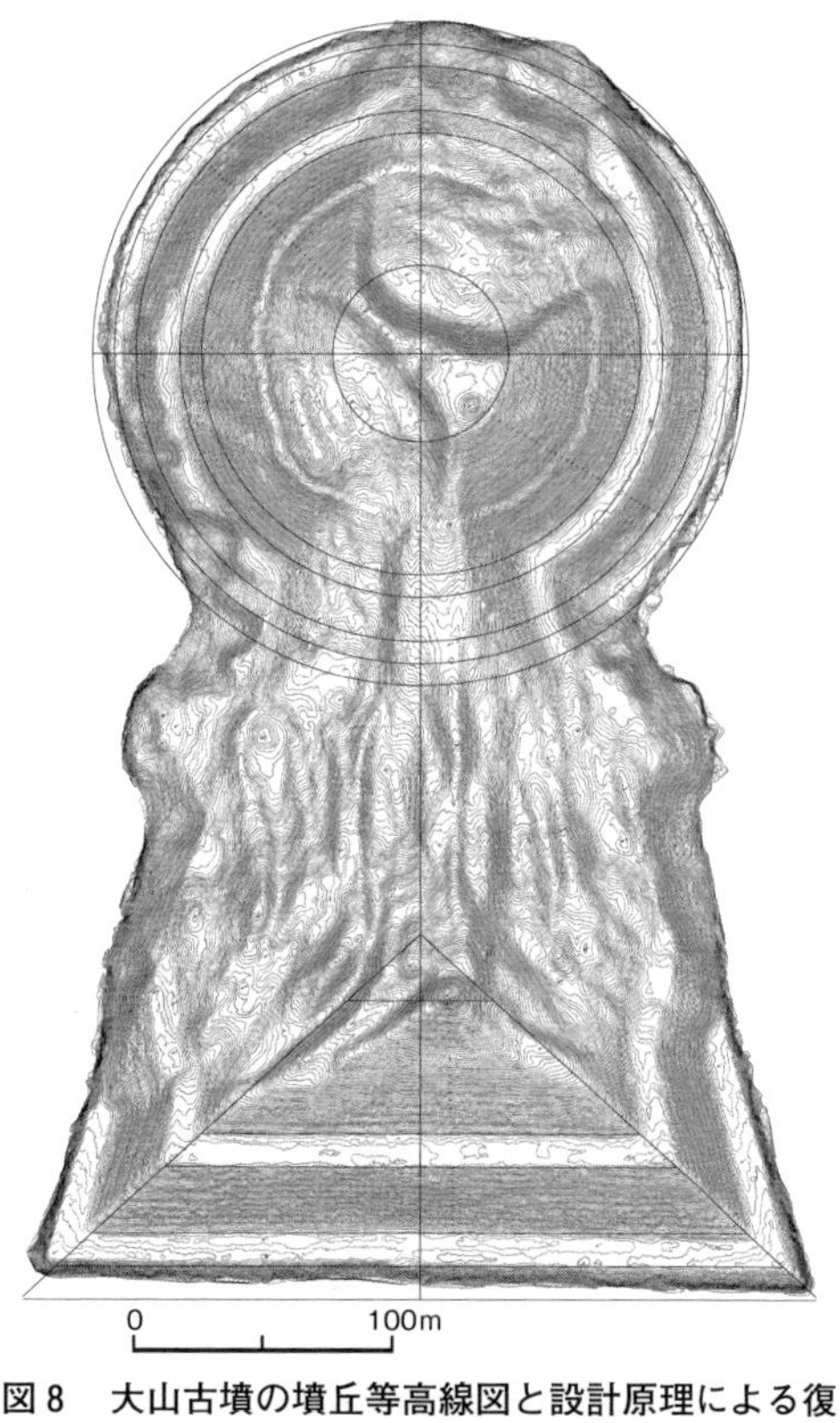

図8　大山古墳の墳丘等高線図と設計原理による復元（『百舌鳥古墳群測量図集成』百舌鳥・古市古墳群世界遺産保存活用会議、2015、P5に、Pythonを用いて描いた図を重ねて作成）

で、ほとんどの前方後円墳は、前方部のほうがテラスの幅が広いのです。なぜそうなのかは、これから説明します。

図9では後円部は外側から1：1：2：1：6：4という比率になっています。最後の6：4という数字は、壊れている部分が多くてちょっと不安が残ってはいますが、このように考えています。そして前方部の前面は、外側から1：1：2：1：4：2いう比率です。そしてそこで使っている単位の1（テラスの幅）は後円部では六歩（一歩＝六尺）、そして斜面は底辺が六歩で高さ二・五歩の直角三角

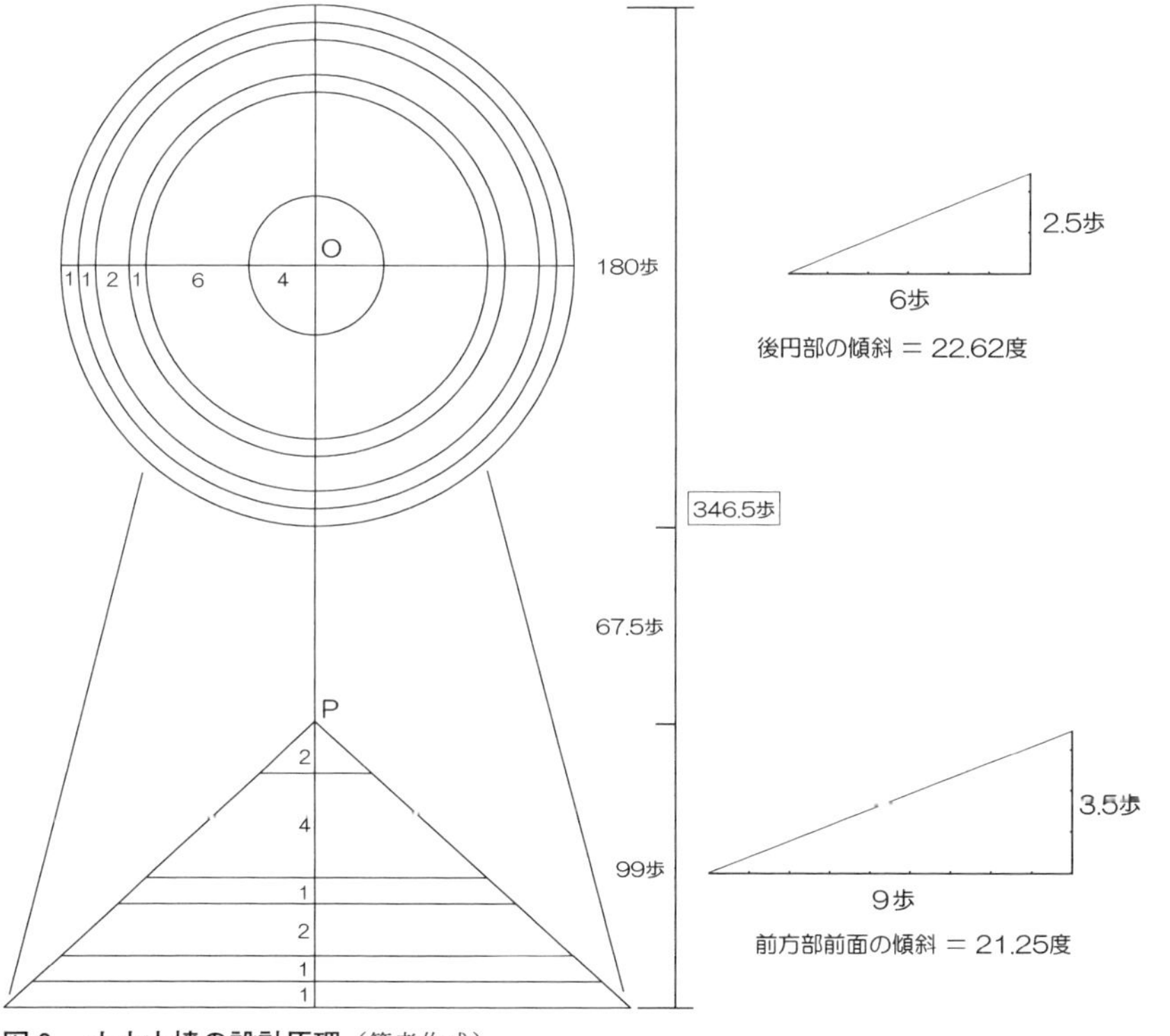

図9　大山古墳の設計原理（筆者作成）

形で設計をしています。前方部では単位の1は九歩で、斜面は高さ三・五歩の直角三角形で設計をしています。どうして前方部のほうが単位の幅が広いのかというと、前方部は角があって崩れやすいため、できるだけゆるやかにしなければいけないということと、それから一段目の高さは後円部よりも前方部のほうを高くしています。一段目の高さは、後円部が二・五歩で前方部が三・五歩ですから前方部が一歩分高くなり、二段目は三歩分高くなります。そうすることによって前方部のほうがすっと上がり、きれいな墳形を設計することができるのです。

文字や紙のなかった当時、古墳の設計は工人たちが頭の中で記憶して人に伝えていくというような方式であったと思っています。以上のような設計原理で大山古墳をつくると、設計上は墳丘の全長は三四六・五歩となります。おそらく全長三五〇歩でつくれと指示をされていて、不足する三・五歩分はどこかで調整をしているのではないかと考えています。

3　今後の調査手法

海外の最先端の調査技術を少し紹介しておきます。

これはイタリアの調査チームの例ですが、発掘調査の現地で、さまざまな三次元計測をおこない、それをリアルタイムで研究室に送っています。研究室ではそのデータを受け取って、そこでなければできない操作や分析をし、さらにその三次元計測のデータなどを世界の専門的な研究者に、リアルタイムで送って検討をするという方法を試みています。こうした調査方法は、急速に普及していくでしょう。

これを宮内庁の発掘調査でおこなって、データを公開すれば、重要な学術的意味があるのではないかと思います。世界の人たちがリアルタイムで陵墓古墳に関心を抱き、そして意見を言うということが可能になってくるのではないかと思います。

これは遠い将来のことだとは思いますが、私たちがどういう方向に向かっていかなければならないかということを考える一つの手掛かりになるのではないでしょうか。

参考文献

大阪府立近つ飛鳥博物館編　二〇一三『歴史発掘おおさか二〇一二―大阪府発掘調査最新情報―』大阪府立近つ飛鳥博物館平成二四年度冬季特別展図録
新納　泉　二〇一一「前方後円墳の設計原理試論」『考古学研究』第五八巻第一号、一六―三六頁
新納　泉　二〇一五a「誉田御廟山古墳の設計原理」日本考古学協会編『日本考古学』第三九号、五三―六八頁
新納　泉　二〇一五b「履中天皇陵古墳と吉備の巨墳」『巨大古墳あらわる～履中天皇陵古墳を考える～』堺市文化財講演会録第七集
新納　泉　二〇一八「前方後円墳の設計原理と墳丘大型化のプロセス」『国立歴史民俗博物館研究報告』第二一一集、四九―七五頁

【報告】

近代天皇制と「陵墓」

高木博志

1　なぜ天皇制には「万世一系」の陵墓の体系が必要なのか

大嘗祭と血統

二〇一九年は、天皇の代替わりの年でしたので、天皇制はなぜ非合理で神話的な世界、「万世一系」の陵墓の体系を必要とするのかということから考えたいと思います。

現在、日本の象徴天皇制は国民の七割以上の支持を得て、徳仁天皇自身も水や環境の問題、またグローバル化する現代社会の問題に非常に関心をもっているという現代の君主制でありながら、なぜ明仁天皇は紀元前七世紀に即位したという架空の天皇、神武の陵に退位報告をし、徳仁天皇は伊勢神宮に報告するのでしょうか。

また、大嘗祭は政府見解では、農耕祭祀になっていますが、江戸時代の一八世紀以来の復古神道神学のなかでは、天皇が天照大神の孫であるニニギノミコト（瓊瓊杵尊）として生まれ変わる意味をもっていました。すなわち、天皇位につくことにより神性的性格が賦与されるということです。実際、昭和大礼のときの掌典、星野輝興は、「大礼本義」（『官報』一九二八年一一月七日）に「大嘗祭において、皇祖より皇祖の霊徳のこもりこもった、斎庭《ゆにわ》の稲穂たる新穀をお承けになる」ことが、大嘗宮の儀式の核心であるといっています。一九二八年（昭和三）のこういう解釈が、基本的に平成を経て、それが令和にも引き継がれているのです。

大嘗祭そのものは、七世紀後半の天武朝に始まります。その頃に記紀編纂が本格化するわけです。大嘗祭や神話は、血統を正当化して荘厳化するためにあるのです。

現在、「史実と神話」を曖昧にする文化財の問題が、とくにこの二一世紀になって顕現化しています。大嘗祭の解釈だけではなく、「仁徳天皇陵古墳」という呼称もそうですし、一四世紀の史実ではない大阪府三島郡島本町にある南朝史跡の桜井駅跡《さくらいのえき》などが国指定史跡である問題、あるいは「神武東征」を日本遺産にしようとする動きもあります。

天皇制は、特定の「血統」が天皇を「世襲」する制度ですから、私は近現代の身分制だと考えます。生まれながらの貴種というのは、生まれながらの平等を旨とする民主主義の原理とは矛盾し、非合理な制度だと思います。そして、非合理な制度を運用するためには、非合理な神話を必要とするのです。そういうなかで「万世一系」の陵墓の体系とか、天皇は大嘗祭で天照大神の孫のニニギノミコトとして生まれ変わる神学の必要が生じるのです。

陵墓の体系がゆらぐ可能性のあった時期

一二〇代を超える天皇の陵は、一八八九年（明治二二）の大日本帝国憲法のときに決められ、今日までずっと「凍結」されているわけです。そのときに決まった陵墓の名称とその体系が、三回ほど揺らぐ可能性のあった時期がありました。

そのひとつが、日露戦後において国民道徳と近代の学知・アカデミズムで裏づけされた段階です。それから、戦後改革の不徹底です。戦後改革の時期に「万世一系」の陵墓体系というのは見直される可能性がありました。そして、今回の世界遺産登録に際して、もし史跡指定して文化財保護の枠で考えることができたら、明治以来の陵墓の体系を見直す可能性もあったのではないかと考えています。

2　世界遺産と「仁徳天皇陵古墳」

歴史学者、考古学者の忖度

倭の王墓の一つでしかない大山古墳が「仁徳天皇陵古墳」として世界遺産登録されました。

二〇一七年七月三一日に文化庁の記者会見で、記者から「仁徳天皇陵は、学術的には違う墓ではないかという意見もある。世界遺産として推薦するとき、日本として、どういう名称でいくという議論はあるのか、どういう方針でいくのか」という質問がありました。

それに対して、文化庁の世界遺産部会長で、古代史研究者の佐藤信さんは、「大山古墳、仁徳天皇陵古墳についてては、陵墓として資産に入れるという場合は、それなりに、宮内庁で呼んでいる陵墓名というのは、オーソライズド〔公認〕されたものではないかと思っている。今回は、推薦書で地元の大阪府あるいは堺市、羽曳野市、藤井寺市で、そういう形で推薦書を書いている（〔 〕内高木、以下同様）」と答えているのです。

二〇一九年七月五日に宮内庁書陵部と陵墓関係一六学・協会との懇談会がありました。その直前に、白石太一郎さんの「仁徳天皇陵古墳」という呼称は、「宮内庁が乗ってくるギリギリの線」であるという発言が新聞（「朝日新聞」二〇一九年七月三日・夕刊）に載りました。それで我々は、「こういう事実はありますか？」と、書陵部長に聞きました。そうすると宮内庁からは、何ら意見表明はしなかったとの回答でした。したがって、この発言は、考古学者や文化庁による宮内庁への「忖度《そんたく》」に過ぎなかったのです。白石さんは、宮内庁の陵墓管理委員会の委員でもあるわけです。

また、文化庁文化財部が監修している『月刊文化財』という雑誌があります。二〇一九年一二月号は、世界遺産の特集号「世界遺産　百舌鳥・古市古墳群―古代日本の墳墓群」でした。先ほど指摘した佐藤信さんが大阪府、あるいは堺市、羽曳野の推薦書に基づいていると言った、その推薦書をつくったのが、和田晴吾さんや福永伸哉さんたちです。このお二人は「仁徳天皇陵古墳」の呼称で推薦しておきながら、『月刊文化財』には、和田さんは「大山古墳（仁徳天皇陵古墳）」、福永さんは「大仙陵古墳（仁徳天皇陵古墳）」と書いているのです。ところが、現場の堺市の担当者は、大山古墳も大仙陵古墳も使えない、「仁徳天皇陵古墳」と言わざるをえないわけです。だから、大学の研究者は二枚舌でもいいのかもしれませんが、現場の人は公的な構成資産名で呼ばざるをえない。こういうことが現実におきているのです。

戦前を想起

二〇一九年の四月二二日に大阪府大正区の小学校で、「愛国の歌姫」山口采希《あやき》さんという方が、唱歌「神武天皇」や唱歌「仁徳天皇」(「民のかまど」の話)を歌っているのです。

このようなことから、戦前の「民のかまど」の仁徳天皇の物語や仁徳天皇陵古墳という名称のみが、また教科書に載ってくる可能性があるのです。

現在、文化財保護法の「改正」にともなって、「活用」という美名のもとに観光至上主義がおきています。そこでは歴史の真正性よ

第五　仁徳天皇

から都を遠くはなれた國々の人民はどんなに苦しんでゐることだらうと、ふびんにお思ひになり、三年の間は税をおさめなくてよいとおほせ出された。そのため、皇居はだんだんあれてきたが、天皇は少

仁徳天皇が盛に立ちのぼるかまどの煙を御らんになつた

尋史上　二二

第五　仁徳天皇

人民がよろこんで皇居をお造り申した

しも御氣にもおかけにならず、御召しものさへ新しくおつくりになることもなかつたくらゐである。

そのうちに、豊年がつゞいて、村々の煙も盛に立ちのぼるやうになつた。天皇は、これを御らんになつて、「われは、もはやゆたかになつた。」とおほせられ、人民がゆたかになつたことを、この上なくおよろこびになつた。人民は、皇居がたいへんあれくづれてゐると傳へ聞いて、もつたいなく思ひ、税をおさめ、また新しく皇居をお造り申しあげたいと願ひ出たが、天皇はお許しにならなかつたけれども、人民は、なほ熱心にたびたびお願ひ申したので、その後三年たつて、やうやくお許しになつた。人民

尋史上　二三

「仁徳天皇」『尋常小学国史　上巻』(文部省、1935年)

りも神話や物語が優先してくるのです。先ほどもいいましたように、神武東征を日本遺産にする動きが出てきたり、戦前の史蹟そのままに、大阪府島本町の「桜井駅跡」を『太平記』上の物語でしかない南朝の楠木正成の「桜井の別れ」の場として、日本遺産にしようとする動きもありました（二〇二〇年までの日本遺産では指定されず）。

3　史実よりも神話や物語

陵墓の治定

陵墓の治定とは、どういう方法だったのかというと、『古事記』や『日本書紀』、『延喜式』等に対して史料批判のない文献考証と、地元の口碑流伝、伝説を集めることにより、江戸時代からはじまりました。そして一八八九年（明治二二）に大日本帝国憲法とセットで一二〇代を超える天皇陵が決まっていったのです。そのとき、根拠の乏しい二条天皇陵や顕宗天皇陵など一三陵もすべり込みで決定します。

一九二六年（大正一五）には皇室陵墓令に勅裁によって陵墓を決める条項が入ります（福尾二〇一九）。一度決められたものは、アプリオリに自明であると受け入れ、認めるのが天皇陵の治定のあり方です。たとえば、大阪府茨木市の太田茶臼山古墳と高槻市の今城塚古墳の関係がそうです。一九二六年一〇月二六日の『大阪朝日新聞』に「今城塚」について、芥川村大字郡家の今城塚であるとの説が高くなり、宮内省諸陵寮調査係和田軍一氏は去る二十日今城に赴いて実地調査を遂げ、二十三日富田町在住府史蹟調査委員天坊幸彦氏を訪問して同氏の右に関する調査研究をきいた、天坊氏は十数年来この研究に従ひ延喜式、正治年間の諸陵雑事、前皇〔王〕廟陵記などによりて先づ御陵は旧島上郡にありとの確信を得た、しかし現藍野陵は旧島下郡にあるので旧両郡の境界が重大問題となり、これについて同氏は、文禄検地帳、神社明細帳、播磨風土記その他実際地形上からみて、御陵は現藍野陵の東方であらねばならぬことが明白となり、最近三島村の名刹総持寺〔常称寺〕所蔵「総持寺田園〔畠〕散在目録」（南北朝文和年間のもの）に記されてあつた郡の条里制に関する文献の発見によつて旧両郡の境界が判明し現藍野陵の位置は島下郡で、帝陵はその東方旧島上郡芥川村の今城塚がそれでなければならぬとの最後の断案を得た

という記事があります。この宮内省諸陵寮「調査係」の和田軍一は、東京帝国大学の国史学科を出た最初の諸陵寮の考証官です。宮内省のなかでも、彼は今城塚古墳が真の継体陵であると考えていたわけで、実際にそのことを歴史的に論証した天坊幸彦さんに会いに行くわけです。

このように、宮内省のなかでも今城塚古墳が真の継体大王の墓であると考えていたけれども、結局はコップの中の議論であったということです。

一二〇代を超える天皇陵は、先にも述べたように一八八九年の大日本帝国憲法でほぼ決まるわけですが、一つだけ決まっていなかったのが長慶天皇陵です。結局のところ、最後にアジア・太平洋戦争の真っ最中の一九四四年（昭和一九）に、京都の嵯峨の地に治定されましたが、その根拠は非常に曖

味なのです。その地は、長慶天皇の息子が居住し、菩提を弔った場所であって、長慶天皇の由緒にもっとも深くかかわった土地にすぎないのです。しかも、長慶天皇が嵯峨に入洛したという史料はありません。天皇の裁可は絶対です。このように一度決められた陵墓の決定を国民はアプリオリに自明のこととして、受け入れるべきだという戦前以来の考えが、現在の仁徳天皇陵古墳の呼称問題にもつながっているのです。

陵墓の「秘匿性」

では陵墓の「秘匿性」が、近代のアカデミズムのなかでどのように温存されてきたのかです。そこに黒板勝美の役割があります（高木 二〇二〇）。

日露戦争後、とくに一九一〇年（明治四三）には大逆事件があり、一九一一年に南北朝正閏《せいじゅん》論争があるなかで、歴史の史実よりも名分《めいぶん》論、すなわち君主はどうあるべきか、臣下はどうあるべきかという「名分」を重んじ、国民道徳、祖先崇拝や家族国家などを優先する「名教的な歴史学」というものが強く出てきました。

先ほど述べた、「桜井の別れ」というのは、『太平記』上の物語です。楠木正成と正行《まさつら》親子が桜井駅で別れたというのは、史実ではありません。島本町が桜井駅を発掘調査していますが、『太平記』の時代の一四世紀の遺物は出てきていません。実は、大正期に黒板勝美は、「桜井の別れ」は史実ではないとわかっています。しかし、一九一五年（大正四）に「南北朝時代の史蹟としては何等歴史的の価値なしとしても、幕末に於て国民を感奮《かんぷん》せしめた一の史蹟として、また之を保存する必要がある」

（『史蹟名勝天然紀念物』一―三、一九五一）と、史実ではないけれども道徳上、史蹟にすべきだと言っているのです。東京帝大の国史学科の先生がこういうことを言っているわけです。黒板勝美というのはそういう側面のある人物です。この時期に、東京帝大や京都帝大の先生が内務省や文部省、宮内省の委員をして文化財行政にかかわるという、今日までつながる構造ができてくるわけです。

また、「活きた史跡」「死んだ史跡」というのが、現在でも文化財行政で使われる言葉ですが、黒板勝美の法隆寺論に「活きた史蹟」「死んだ史蹟」が出てきます（「史蹟としての法隆寺」『史蹟名勝天然紀念物』三―八、一九一九）。すなわち、パルテノン神殿はギリシャ・ローマからはじまる世界史のなかで非常に重要な遺跡なのですが、「死んだ史蹟」だというのです。法隆寺というのは聖徳太子の時代からずっとつづいた信仰があるから活きている遺跡であって、パルテノンより法隆寺の方が上で「活きた史蹟」であるとします。ところが、実は一九〇四年のマドリードの第六回建築家国際会議で、この「死んだ」モニュメントと「生きている」モニュメントという言葉は使われていて、パクリ、二番煎じなのです（ユッカ・ヨキレット 二〇〇五）。黒板はソースを隠して、日本の独自のものだという言い方をして、これが今の遺跡の文化財行政にもかかわってくるのです。

黒板勝美の陵墓論

黒板勝美は、古文書学の様式論とか文化財の現地保存論など、今日につながるような文化財の科学的な学問にもかかわるわけですが、その一方で、君主はどうあるべきか、臣下はどうあるべきかという国民道徳上の問題が史実よりも重要であるとし、日本的な文化財論をつくろうとしたのです。アカデミズムの人間がこういうことを言い出し、これが今日の陵墓論にもつながっていくと思います。

たとえば、東京帝大の坪井正五郎や史蹟名勝紀念物保存協会の柴田常恵等が、大山古墳の陪塚の塚《つか》廻《まわり》古墳の調査をしますが、技術レベルや学術発掘目的、思想性という点から黒板勝美は批判するわけです（「古墳発見に就て考古学会々員諸君の教を乞ふ」『考古学雑誌』三―一、一九一二）。それは、「余は更に鼓を鳴してその不道徳なるを責めずんば已む能はず、古来我が法律にては山陵を発《あば》くを以て大不敬罪となせり」と、我が国は祖先崇拝の国でヨーロッパとは違うと言っているのです。黒板は、宮崎県の西都原古墳群の発掘のときにも同じようなことを発言しています。

以上のように、帝国大学のアカデミズムのなかで、陵墓の秘匿性や神話性を護っていく、あるいは補強していく動きが、二〇世紀におきてくるのです。日露戦争後の一九一〇年代は、総力戦に向けて社会を変えていく時代です。だいたい、全国どこの村の墓にも日露戦争の戦没者がいて、先の尖った墓があると思います。自分の身近な人が死んでいく、そこにナショナルなもの、国家が地域社会に入ってくるのです。その時期に大学の学問も、こういう国民道徳に奉仕する仕組みができてくるのです。

そのようななかで、百年前の大正期の津田左右吉は、『古事記』や『日本書紀』は五世紀から七世紀までの政治思想を反映するものにすぎないと言っています。津田左右吉の学問にもとづき、戦後のアカデミズムで自己形成したはずの一部の考古学者や古代史研究者が、「仁徳天皇陵古墳」の呼称をオーソライズし、正当化しているのです。そういうことを津田左右吉から百年後の学者がしてよいのかということです。仁徳天皇陵というのは漢風諡号の「仁徳天皇」と倭の王墓の結合であって、そうした歴史認識は、天皇制が巨大であった、律令国家の形成期と、それから一八八九年に秩序ができた近代の二つの時代の産物にすぎないのです。

神武聖蹟調査や明治天皇の聖蹟指定などは、アジア・太平洋戦争後の戦後改革の中で否定されました。歴史学の戦後改革のポイントは、「史実と神話」の腑分けにあったはずです。それが今、陵墓だけではなくて日本遺産や文化財保護法の改正、皇室の大嘗祭の解釈などにおいても曖昧になってきています。

今後の展望としては、文化財として世界遺産「百舌鳥・古市古墳群」を考えていくことです。保存・公開・活用を考えていくこと、大山古墳（仁徳天皇陵古墳）と遺跡名称を併記すること、すなわち構成資産名の修正が必要ではないかと思います。そうしないと、教科書記述も国際的社会で名称が一本化されて、「仁徳天皇陵古墳」となっては、倭の王墓にすぎない古墳が、仁徳天皇の墓となってしまいます。

参考文献

今尾文昭・高木博志編　二〇一七『世界遺産と天皇陵古墳を問う』思文閣出版
高木博志　二〇一〇『陵墓と文化財の近代』山川出版社
高木博志　二〇二〇「史蹟名勝天然紀念物保存法の時代―政治と文化財」『遺跡学研究』一七号
福尾正彦　二〇一九『陵墓研究の道標』山川出版社
宮地正人　二〇一九『天皇制と歴史学―史学史的分析から』本の泉社
ユッカ・ヨキレット　二〇〇五『建築遺産の保存―その歴史と現在』アルヒーフ

II 討論

文化財としての「陵墓」と世界遺産

司会 福島幸宏

今尾文昭

滝沢　誠

新納　泉

高木博志

中久保辰夫

会場からの質問に答えて

福島　これから、基調講演・報告をお願いした今尾さん、それに滝沢さん、中久保さん、新納さん、高木さん、そして福島の六人で、「文化財としての「陵墓」と世界遺産」と題して、ディスカッションをおこないます。

最初に、会場から皆さんへの質問があるので、それについてお答えください。

まず今尾さんへの質問ですが、『昭和天皇実録』の読み方についてです。侍従の天皇陵への派遣が戦後はなくなるということなのですが、戦後は内廷の話になるので、『実録』には載らないのではないかということ。また、宮廷の規模が戦前と戦後で違うので、そう簡単に侍従を派遣するという余裕もないのではないかということです。後で高木さんにも補足してもらったほうがいいかもしれない話ですが、まず、今尾さんにお答えいただきたいと思います。

図１　シンポジウム会場

今尾　私自身が『昭和天皇実録』をどこまで正確に読めているかという問題は、当然あるのですが、言及した事例として、戦前は東宮侍従ないしは侍従職が地方へ行幸啓の際に、関係の府県にある「陵墓」に差遣されて、代拝をおこなっています。戦後はこれがなくなります。他方、今も式年祭は宮中祭祀とともに陵所でも祭祀があり、内廷職員の掌典ほかが参向して儀式をおこなっています。それは『実録』にも載せられています。戦前と戦後では規模が異なる、また内廷と外廷の問題で位置づけが違うところは、御指摘のとおりです。ただ、皇太子時代の行啓、天皇になってからの行幸の際の大がかりな侍従の「陵墓」への差遣がないのは、歴代天皇陵への「祈り」のあり方が変わったからだと主張しました。

福島　ありがとうございました。滝沢さん、短甲の横板の幅についてご質問が出ています。解説をお願いします。

滝沢　先ほどの私の話（九三ページ参照）で、少々細かいところの話を省いてしまいましたので、うまく伝わらなかった部分があったかと思います。ご質問は、大山古墳前方部出土の短甲の編年的な位置づけをめぐって、短

図２　討論

甲にともなういわゆる帯金という横方向の鉄板の幅をとりあげたことについてですが、この帯金の幅が広がることと、鋲が大型化すること、そして鋲が減少するという、三者の関係がよくわからなかったのでもう少し説明してほしいということです。

一〇一ページに掲載した図4の左上に、私が分類したA類というものがあります。これは前胴の引合板と呼ばれる部分で、今のシャツで言いますと、前側の縦に長い布（前立て）にあたる部分です。この図では、その前胴の引合板といっている鉄板と帯金といっているやや幅の狭い鉄板、そして帯金と帯金の間に入ってくる地板という鉄板の合わせ方（連接位置）を示しています。A類の一番左側にあるのが、革で綴じている段階の合わせ方です。帯金の真ん中とその両側を綴じるのが基本ですが、地板の幅が広いので、その間にも革で綴じる箇所が一カ所または二カ所入ってきます。こういった留め方が、鋲留技術が入ってくる以前の革綴短甲には典型的に見られます。

その後、鋲留技術が入ってくると、その最初の段階では、それぞれの鉄板を合わせる位置や、帯金の幅が狭くて地板の幅が広いという構成において革綴短甲のあり方が踏襲されます。しかしながら、やがてその鋲が大きくなっていく傾向がみられます。私自身は実験したことはないのですが、鋲の強度について研究している方の実験で、鋲が大きくなるとその箇所の強度が増すということが指摘されています。

鋲をたくさん打つということは大変な作業で、しかも孔の位置を全部合わせて打たなければいけません。ですから、短甲をたくさんつくらなければいけないという事情が生じたときに、できるだけ効率的、あるいは手間を省いていこうとすれば、その省略の方法のひとつが、鋲の一つ一つの箇所の強度を増しながら鋲の数を減らしていくということになるだろうと思います。そうすると、どうしてもそれまでの上下方向の鉄板の構成比では、所々に鋲の間隔が広くなってしまう箇所がでてきてしまいます。それによって生じる鉄板の遊離を防ぐために、鉄板の上下方向の構成比を変える必要が生じ、結果として帯金の幅が広がって、地板の幅が狭くなるという変化が起きたと考えられるのです。

図2（九八ページ）の大山古墳の絵図に描かれた短甲と似たような幅の広い帯金を使った短甲の典型例（千葉県烏山二号墳出土）を**図5**（一〇二ページ）に載せましたが、そうした例は基本的に鋲の数が少ない短甲です。一方、**図2**の絵図に描かれた大山古墳前方部出土の短甲は非常に多くの鋲が描かれています。これほど多くの鋲が打たれている短甲は、実例としては存在しませんが、かなり精緻に描かれた図ですので、おそらくこういった数が実態だったのだろうと思います。鋲が非常に多いという点については、おそらくこの短甲が「惣躰銅鍍金」という非常に特殊な短甲であるということと関係しており、私はこの短甲の鋲の多さは編年的な位置づけには影響することはなく、むしろ全体としての鉄板の構成比というものが年代を考えるうえで非常に重要な手掛かりになると考えています。ちなみに、短甲の後胴側の帯金（上段）が一番広く、湾曲が少ないところほど幅が広がる傾向にあることも指摘できるかと思います。

福島　詳細にありがとうございます。では新納さん、どうぞ。

新納　大山古墳の後円部最上段墳丘裾のテラス面が、他のテラス面より狭いのは、当初から存在したと考えてよいかとのご質問で、質問された方は当初からのものという御意見のようです。どこを指しておられるのかよくわかりませんが、おそらく宮内庁職員の巡回路の跡ではないかと思います。

次の質問は以下のように「墳丘最下段の裾の位置がハイテクで明らかになることは喜ばしいことです。ただし、前方後円墳の立地している地盤は、結構な高低差をともなっています。最下段はその調整に使われているのは、さまざまな古墳でみられるので、最下段墳丘の位置を重視し過ぎることはないと思います」というご意見です。これは一般論としては、私は賛成ですけれども、周濠をもつ古墳については、また別の考え方をする必要があると思っています。

三番目のご質問は、内容は紹介いたしませんが、何本も論文を書いておられる方のご自身の主張ですので、私とは意見が違うということを改めてご理解いただきたいと思います。

福島　それは、引きつづき論文上でやりとりしていただくということでお願いいたします。

もうひとつ、今尾さんのお話にあった御黒戸《おくろど》祭祀について御指摘をいただいています。御黒戸は御所の中にあった仏間ですが、今は泉涌寺《せんにゅうじ》に移ってますね。ご質問は、少なくとも平安時代、荷前《のさき》の祭祀まで宮中の祭祀というのはさかのぼることができるのではないかというものです。これはおっしゃるとおりで、それが近世的な御黒戸になって、それがまた近代でもう一回変化するということがたぶん重要なところだと思います。まず、高木さんからこのあたりに補足などありますか。

高木　はい。泉涌寺の調査にずっと入っていましたので、少し江戸時代の祭祀のことについてお話しします。

岡田精司さんは、天智天皇と桓武天皇以降の平安京の歴代天皇の位牌が、江戸時代の宮中でまつられていたと、そう言われているのですが、実際には必ずしも平安京の歴代天皇の位牌が江戸時代の御黒戸の中にあったわけではないようです。

陵墓の制度が一八八〇年代に整ったうえで、平安京に生きた歴代天皇への仏教の法要・供養を泉涌寺に許すことになるのです。そのとき（一八八〇年代）に京都中の位牌を泉涌寺に集めたようです。では、江戸時代はどうだったかというと、宮中と京都盆地の中の泉涌寺といろいろな由緒寺院とで、歴代天皇の法要をおこなっていたようです。

図3　泉涌寺内　月輪陵（今尾文昭撮影）

正確なところはわからないですが、江戸時代の宮中の真言宗の仏壇の中にどの位牌があったのかはわからず、平安時代以降、すべての天皇の位牌があったのかについては、今はかなり疑問視されているところです。

福島　今のお答えでもそうだったのですが、実は祭祀のあり方は常に変化していて、戦後の七〇年間ぐらいが逆に固定の時期かもしれないと思わないでもありません。もしくは「美智子成婚」ぐらいから後かもしれませんが、少しそういう気はします。

今尾　今のところは、京都中のお寺の位牌を泉涌寺の霊明殿という一番奥の建物に集めたというお話で、岡田精司先生が提起された時点（一九九五年）とは研究レベルに違いがありますね。しかしながら、本質的に京都での前近代の天皇の祖先への「祈り」のなかに、神武天皇はいないし、岡田論文にあがる天皇で言えば、平城天皇も推古天皇もいない、天武天皇もいないということですね。

学・協会からの要望書提出について

福島　さて、各報告から出てきそうな論点を簡単にメモ書きしてみました。

今尾さんの発言で触れていただきましたが、一八九ページからの巻末の資料を見ていただくと、この前の三〇周年のシンポジウムから、今日まで、多くの学・協会が参加した陵墓関係の要望と見解について四点並べてあります。

六年前の二〇一三年には、陵墓古墳の保護対策強化ということで「一、文化庁・地元自治体と密接に連携し、史跡指定等の適切な方法を駆使して、陵墓古墳の一体的かつ実効ある保護策を、国をあげて早急に講じられること。二、陵墓古墳の保護に対する国民の理解と支援を得るためにも、陵墓古墳の一層の公開を進められること。」というようなことを宮内庁と文化庁に提出しました。実は近年では正面切って要望書を提出したのは、これがはじめてだったと思います。

今回のシンポジウムに直接関係するということで一九六～二〇一ページを見ていただければと思うのですが、実は「記」から下は、みんなで議論して少し変えているところがあります。まず、古市・百舌鳥古墳群の世界遺産推薦のためにイコモスが調査に来た二〇一八年の九月に見解を出しました。これは、「一、構成資産の十分な保存・管理を図り、公開を原則とした活用がなされること。二、構成資産名については、学術的な観点にもとづくものとすること。」ということで、保存・管理したうえで公開してくださいということと、その名称についての二点を学・協会としてはずっと求めているということを御確認いただければと思います。

世界遺産登録が決定された直後の二〇一九年の七月に出したものについても、「一、構成資産の十分な保存・管理を図り、地域や社会への公開を原則とした活用を求めます。二、構成資産については、すくなくとも……」と「すくなくとも」となっています。『すくなくとも」というのは逆に踏み込んだ表現なのです。「……すくなくとも学術的な観点にもとづく名称の併記を求めます。」ここで併記ということにしています。ここのところが一つ前提の論点になると思いますので、確認いたしました。

それで、大山古墳の築造の時期ですが、岸本、滝沢報告で重なり合って明確になったような気がします。ちょっと新納さんから御意見があるような気がするのですが、いかがでしょうか。

大山古墳の築造時期

新納　私自身が自分の資料操作でもって何か意見があるというわけではないのですが、今日のお二人のお話をお聞きして、おそらくこれは今の学会のもっとも新しいデータにもとづいた、もっとも同意しやすい年代だろうと思います。ただ、岸本さんが允恭の在位年について、倉西裕子さんという方の見解に従っておられるわけですが、私はそれについてはそこまで信頼してしまっていいのだろうかと、かなり不安に思っています。

最近、私は『日本書紀』を読むことが多いのですが、そこまで確定的な在位年を導き出すことがどうやったらできるのかというのが、私にはどうしても理解できません。今日、帰ってから倉西さんのお考えを少しチェックしてみようと思っています。

福島　大山古墳の年代は、ほぼ今日提出された意見でいけるだろう、絶対的な年代でいいだろうということで、新納さんまで入れると、今日お出でになった方のうち三人の御意見でした。ただまあ、允恭でよいのかという問題は、たしかにおっしゃるとおり出てくるだろうと思います。その点、他の方はいかがでしょうか。年代論はちょっとむずかしいと思うのですが、どなたか……

今尾　大山古墳の年代は、五世紀のなかばから以降と考えます。絵図に残された石室の発見場所は、前方部とされ

図4　大山古墳　奥の古墳は上石津ミサンザイ古墳（百舌鳥陵山古墳）（梅原章一撮影）

ています。さらには、前方部南面の中段ということになっています。が、そこは普通、埋葬施設を設けない場所です。本当に、前方部でよいのかという議論もあります。要は後円部頂上の中心となる埋葬施設（以下、仮に第一主体部と呼ぶ）に対する副次的な施設だとしても、第二位なのか、第三位以下なのかという問題があります。その評価によっては、第一主体部との時間差を一定、考慮する必要が出てきます。もちろん、第一主体部の被葬者との関係性も変わります。まあ、それはただちに解決しないので、従来の認識どおり、前方部の中心施設で他の古墳と同じく、第一主体部とほぼ同時期につくられたものとして話します。

一例をあげます。前方部石室に副葬された眉庇付冑《まびさしつきかぶと》の部分図（図5）です。上から見た絵です。眉庇部分の文様は「絡龍文《らくりゅうもん》」というのでしょうか、龍が絡まった文様だといわれていたのですが、橋本達也さんや滝沢さんのご指摘のとおり、絡龍文というよりは双葉文でしょう。一方、三葉文という文様があります。中国の戦国時代ぐらいに文様の起源があるようで、動物系と植物系がある。文様系統は必ずしも植物とは断定できませんが、たとえば中国晋代に流行の中心がある晋式帯金具の銙板《かばん》内の文様は三葉文です。奈良県広陵町の新山《しんやま》古墳からの出土例が有名です。

双葉文は三葉文から文様系譜を引くことができるか。今は、関係があるものとして、年代を比較するうえの目安としたい。そこで、奈良県橿原市の新沢《にいざわ》一二六号墳出土の帯金具の銙板の文様（図6）が、双葉文です。帯金具と眉庇付冑の透彫りの金工の細工を同様の

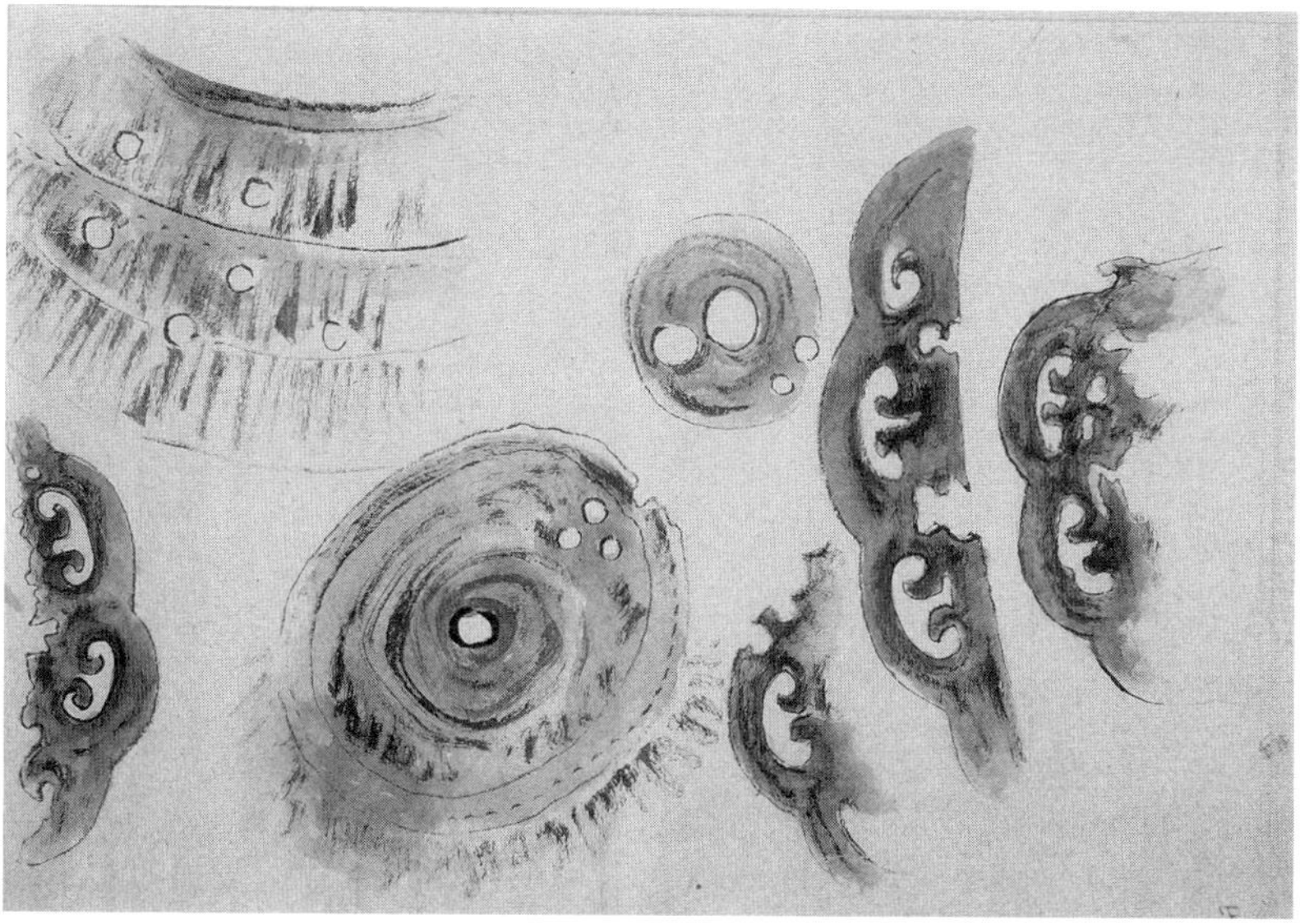

図５　大山古墳前方部石室の眉庇付冑の部分図（堺市博物館提供）

工人が担ったかどうかという問題もありますが、帯金具の銙板文様の意匠変化を応用して考えます。

新沢一二六号墳の副葬品は、従来から中国の遼寧省北票県にある四一五年に亡くなった北燕の馮素弗《ふうそふつ》墓の副葬品の構成が共通するといわれています。朝鮮半島を経由した中国東北部の「金ピカ」文化の日本列島への波及、そして倭の中心地での定着です。また、百舌鳥《もず》陵山《みささぎやま》古墳（上

図６　新沢千塚126号墳の銙板
（森浩一・網干善教・伊達宗泰『新沢千塚126号墳』橿原考古学研究所、1977）

石津ミサンザイ古墳とも。現、履中天皇陵）の陪塚七観《しちかん》古墳の輪鐙《わあぶみ》との関係性の指摘がありま す。百舌鳥古墳群を構成する古墳の編年上からも、大山古墳の年代観を五世紀前半の早い時期とするのは、むずかしい。

前提や仮定が多いのは、考古資料を扱ううえでの限界であり、約束事です。五世紀はじめにされる方もいらっしゃいますが、上記のように回りくどい見方を経るなかで導くと、大山古墳が築かれるのは五世紀の前半というよりも五世紀なかば、あるいは以降が妥当というのが私の考えです。

福島　滝沢さん、補足がありましたら、お願いします。

滝沢　岸本さんによる被葬者の特定は別にして、年代観としては岸本さんの言われたことがかなり的を射ているのだろうと考えています。報告のなかでも指摘したように、かつて年代を議論する際にとりあげられていたボストン美術館の所蔵資料は、やはり検討対象にする必要はないのだろうと思います。以前はその資料を念頭において、横矧板鋲留短《よこはぎいたびょうどめ》甲の時期がそれに近い時期であろうという意見もあったわけですが、今日お話ししましたように大山古墳前方部出土の横矧板鋲留短甲は、こまかく見たときの編年的な位置づけでいうと、新式の鋲留短甲のやや古い段階という位置づけが妥当であろうと思います。したがって、ボストン美術館所蔵資料との接点を求めることは困難です。今日、私はＴＫ208（高蔵208号）型式の併行期という表現で須恵器との併行関係でしか話をしませんでしたが、実年代観も岸本さんのものに近いものです。

ただ一点だけ注意したいのは、岸本さんの図7（八四ページ）に関連して、今尾さんが触れられた大山古墳の年代をより古く考えるという議論のなかに、そうした須恵器の実年代やそれ以外の遺物の実年代が従来の理解よりもさかのぼるので、それに連動して大山古墳の年代も古くなるという意見があることです。岸本さんが示された須恵器の年代観について、もう少し古くなるのではないかと思われている方もいらっしゃると思います。私は、そうした須恵器の実年代についてくわしく研究をしてきたわけではありませんので、その方面にくわしい中久保さんの意見をうかがえればと思います。

福島　中久保さん、どうぞ。

中久保　須恵器がいつ日本でつくられはじめたかということは、日韓の研究者が非常な関心をもって研究しているところで、まだ充分な合意形成に至っていません。

岸本さんの図7では、ＴＧ232号窯がちょうど図の真ん中から少し上のところにあります。これを四世紀の末と考えるか五世紀の初頭とするか、それともだいたい四二〇年ぐらいにおくのか、このあたり、日韓の研究者それぞれでかなり意見の相違があります。

岸本さんの図4（七八ページ）の大仙古墳出土の須恵器大甕は、ＯＮ46（大野池46号）型式のようです。ＯＮ46型式は型式期ではなく、段階と表現する方が多いです。この段階の資料というのは、近畿地域の集落遺跡でまとまった資料というのがあまりない時期でもありますので、これをＴＫ216型式期に含めるのか、それともＴＫ208型式という次の型式期に含めるのかというのも、実のところは少し議論があります。私は慎重派ではありますが、

福島　少し幅をもたせたほうがいいということですか。

中久保　須恵器の甕というのは、耐用年数が高いものです。製作の年代、使用の年代、廃棄の年代をどれくらい見積もるか、古墳のために特別につくられたものなのかどうなのかなど、そのあたりが土器を扱う研究者としては気になるところです。

福島　ありがとうございました。岸本、滝沢報告を聞くと、重なっているというところもあると思うのですが、もう少し留保を付けて検討の余地があるだろうというお話でした。

世界の墳墓と古墳

福島　引きつづき中久保さん、今、指摘されていたこととも関係するのですが、中久保さんの報告でかなり興味深いと思ったところが二点ありました。世界では測量図があまりないという話と、古墳の訳語についてです。報告のなかでもKofunとローマ字で書かれていて、世界文化遺産の申請書ではどうだったのか、一般的に墳墓、王墓などは、どういうのかということなど、そのあたりのことを埋葬法の話と絡めながら少し展開していただければと思います。

中久保　日本の考古学では、古墳墳丘の正確な測量図をとります。私は、これは調査の一番にすることだと思いますし、自分たちもやってきました。古墳の墳丘測量図や世界各地の墳丘図を集めて、墳丘の形状や規模などを比較しようと、さまざまな文献にあたりました。そうすると、等高線が二メートル単位と精度の低いものが多かったり、写真はあってもなかなか分析にたえる墳丘測量図がないという課題にいきあたりました。

日本の古墳研究者は、学部学生の頃から基本的に古墳のサイズと形状、何段築成かというのは暗記していくものだと思いますけれども、世界ではそういうことがあまりないということもわかってきました。

日本の考古学では、墳丘の情報というのはかなり持っています。そして、それをさらによい最新の方法でとることが、今後の研究のうえでも重要であろうと痛感しました。以上が墳丘の話です。

次に古墳の訳語についてです。"Mozu-Furuichi Kofun Group: Mounded Tombs of Ancient Japan"というのが、今回の登録された名称になるわけです。"Mounded tomb", "Tumulus", "Tumuli", "Burial mound", "Mausoleum"などが、墳丘とか盛り土をもつ墓、墓群、陵墓という英語表記です。古墳を外国語に翻訳するときに、どの言葉が適切なのかということも議論されたということをうかがっています。そのうえで、古墳という日本語をアルファベットのKofunと表したもので今回登録されているということは、日本の古墳というのは世界のなかで一般的な墳丘墓としてとらえられるわけではなくて、日本列島固有の特徴をもっていて、世界のいろいろな辞書のなかで、Kofunという文字で項目が立てばいいという、そういう思いがこもっているのではないかと思っています。

もちろん名前の問題は、さまざまにむずかしいところもあります。「古墳を説明するのには、どの言葉がよいのか」、「海外の研究者に弥生時代の墳丘墓と古墳時代の古墳の違いがわかるようにどういった説明をすればよいのか」というのも新たな課題として出てくるかと思います。学界のなかで、さまざまな議論がされていけば、よりよいものになるのではないかと思います。

福島 ありがとうございます。要するに、何々天皇陵古墳などと言う以前に、訳語として実はKofunというものを打ち出していて、それは今までの、普通に英語やフランス語で訳したときの王墓、墳墓というものと少しまた違う翻訳というか、新しい単語を打ち出して世界文化遺産登録になっているというお話でした。

今尾さん、どうぞ。

今尾 中久保さんのお話に質問があります。世界の墳墓のなかで、墳丘への立ち入りが可能であるか、可能でないかという点を注意して示していただいているのと、それから伝説や神話がそれに付与されていることに言及されています。私の記憶ですが、中国の始皇帝陵も以前は墳丘の頂上に登れたことがあったのではないかと思うのです。

日本の現陵墓を世界のなかに置いて比較した場合に、特異なのは王陵であるということではなくて、また保存上の理由でもなくて、現在、「祈りの場」として墳丘への立ち入りが制限されているという点はありますか。墳丘へ近づくことはできるけれども、信仰が理由になって墳丘そのものは非公開、「中に入ってはダメ」というような例は、いま、あげられた世界の墳墓のなかにありますか。

中久保　私が見てきたなかで申し上げると、それぞれの地域や国で、さまざまな事情があります。王の墓として捉えられているのか、それとも宗教や祭祀とかかわりのある場となっているのかという点で、大きな違いがあるような気がしています。

法体系であるとか文化財をとり巻く環境というのも、それぞれ異なっています。たとえば土で盛ったものですと、崩壊の可能性もあるなど、保全の問題もあります。

私自身が考えていることとしては、歴史遺産、文化財にはさまざまなステークホルダーがいて、それぞれの主張をもっていることを大切にしないといけません。議論を尊重して合意形成をとるというその過程が、なにより大切だと思っています。古墳のなかでも、これは見るべきだというものがあれば、それが限定的であっても、機会が設けられるというのは望ましいことではないかと思います。

福島　今回の報告されたもののなかでは、信仰が理由になって立ち入りが禁じられているものはなかったという理解でよろしいでしょうか。管理上の問題などはあるだろう、ということだったと思います。もう少し世界的に調べればあるかもしれませんが、今回の中久保さんの報告では少し横串でみていった、他の国の墳墓というものも意識していこう、ということだったと思います。今のことついて、ほかにどなたか……。

新納　先ほどの Kofun という呼び方ですが、今、Jomon はもう世界の研究者の標準的な用語になっています。おそらく次は、Kofun が定着していくのではないかと思います。

それはそれでありがたいことなのですが、古墳というものがかなり独特のものだという意識があるのだろうと思います。

福島　ありがとうございます。Kofunという学術用語としてたぶん広まっていくだろう、という見通しをうかがいました。たしかに日本発の学術用語はいくつかありますが、Kofunもそのなかに入っていくのだろうと思います。

調査最新情報の発信

福島　次に、三次元計測の研究を、先頭を切ってなさってこられた新納さんの調査手法の話について、お聞きしたかったことがあります。

最後にお話しいただいたリアルタイムのことです。私もヨルダンなどで発掘している知人や、そういう技術をたくさん現場にとり入れている知人などの話を聞いています。朝一で現場の状況を一回全部記録し、その日一日に発掘面のレベルを下げたものを、毎日記録し、調査の過程を復元的に検討することも可能になっているということでした。要するにどこでレベルを切るかは、実際には見逃す場合があるので、それを復旧させるために朝一で全部記録をとっているようなのですが、今日の新納さんのお話のなかでは、それをほぼリアルタイムでおこなって、たとえば中東での発掘を、アメリカの研究室から見て指示するなど、情報をその場で提供するようなことをしているとのことですね。そのあたりの補足をもう少しお願いします。

新納　はい。私よりよくご存じのような感じがしたのですけれども（笑）。

リアルタイムで情報を共有していくというのは、今後のトレンドなのだろうと思います。ただし、非常にコストがかかる、調査のスピードが遅くなるなどの問題も多々あるので、それは克服していかなければいけないことだろうと思います。

しかし、この動きはもう止めることができないのではないかという感じがします。ですから、調査を円滑に進めながら、どのように効率的にそれを実施していくか。そして、形だけそういうことをして楽しむというのではなく、実質的な研究の発展にどういうふうにつないでいくかということが、これからの課題なのかなと思っています。

福島　ありがとうございます。このなかで高木さんと私以外は、現場の発掘調査をしている方です。このあたりの新しい調査の手法、記録について少し御意見をいただきたいと思います。宮内庁に求める前に、発掘調査の中で我々がどのようなことができるのかをうかがいたいのですが、いかがですか。

中久保　私も大学での夏の調査実習で、古墳の調査をしています。学生にとって一番よいと思っていますので、平板測量をしています。

リアルタイムでの情報の共有をするとなると、具体的にどういうふうにすればいいかということをいろいろ考えていたのですが、新納先生に少し教えていただきたいことがあります。

それはどういった言語で発信されているのかということと、墳丘測量等を比較するうえで私自身がどういうふうにすればいいのかなと悩んでいるのですが、単位をメートル法でいくのか、それともそれが変換できるような形のほうがいいのかなど、そのあたりの基準なども、なかなかまだ捉えられていないような気がします。

新納 言語はもうこの時代ですので、どれでもいいと言えば、どれでもいいのではないかという気がします。自分たちがもっともよいと思う言語でやっていくということ。それから単位の問題ですが、私としてはメートル法でやってほしいのですが（笑）、でもどうしてもヤードのほうがいいと言う人がいれば、それはしかたがない。それは簡単に変換できることですから、それでいいのではないかと思います。

今尾 新納先生の提言は、文化財を世界に開いていく方法という提案で、世界の研究者が一斉に瞬時に発掘調査成果が共有できて、技術や言語の問題はありますけれども、それはすばらしいことだと思います。

しかし、大学機関ではできても、行政機関などでは、はたして共通理解が得られるだろうか、やはり手続きがいると思います。たとえば、私がいた職場は奈良県教育委員会の出先の研究機関でした。地方自治体の一機関ですから、基本的には自治体の首長、議会、県民に向かって、まず情報を開かなくてはなりません。ですから学術的な部分と公開をどのように整合させるか、同時性の問題があると思います。学術情報を世界の研究者に同時発信するが、住民は後回しというのでは、理解が得られないでしょう。実際に、自治体でやっていけるかといわれると、時間がかかる。文化財は世界に普遍の共有性があるということを人びとに理解してもらうには、少し時間がいるという感じがします。

新納 そんなに一気に理想的なことはできないでしょうし、困難な点をあげていけばきりがありません。出土資料を夜のうちに盗まれたらどうするのかということをはじめとして、困難はいくらでもあります。できるところからやっていくということが、いいのではないかと思います。

福島 くわしい専門家が海外にいたりした場合に、まず専門家同士で議論してみるなど、まずそこからのような気がします。

男系継承について

福島 次に、天皇位の男系継承について、考古学の立場から、少しご意見があるということですので、お話をうかがいたいと思います。

新納 最近、一部の政治家や評論家のなかに、男系継承二千年の歴史というようなことを言っている人たちがいて、それが意外に市民権を得つつあるのです。しかし、二千年と言うと古墳時代だけでなく弥生時代までさかのぼります。古墳時代の研究者としては、もう本当に何と言うか聞くにたえないことで、学問はどこにいったんだと思ってしまいます。異論はあると思いますが、私自身は古墳時代というのは、婿入りをくり返しているようなあり方で、それを男の系譜を無理にたどり、なかにはたどれないものもあるという、それぐらいのレベルのことではないかと思っています。

実際の前方後円墳、大型古墳群の移動の話や陵墓のあり方から考えて、『日本書紀』などの記載をもとに確固たる男系継承がおこなわれていたなどということは、学術的にはとても無理な話で、そういうことがまかり通っていることに、考古学の研究者はもっと怒らなければいけないのではないかと、声を大にして言いたいと思います。政治や思想の立場はいろいろあるかもしれませんが、私たちには、学術として科学として言わなければいけないことがたくさんあるのではないかと思っているところです。

福島　ありがとうございます。科学として言わなければいけないことがあるというのは、このシンポジウムの基調だと思います。あたりまえですが、人類は男系と女系が両方いないと生まれないので、そのあたりの問題意識はかなりあろうかと思います。やはり学問的にきっちり議論していくということだろうと考えます。

古墳の名称について

福島　また、ちょっと戻って、古墳の名称について学・協会は今後どう考えていったらいいのかについて、最初の宮川さんのお話にも出たように、前方後円墳という名称自体どうなのかということも含めて話していただきたいと思います。今尾報告で、祈りの場と文化財の関係という話が出てきました。これともちょっと重なります。

実は、このシンポジウムに向かって、インターネット上で意見を募集しました。今後陵墓の公開はどのようにあるべきか。保存・活用はいかにあるべきかということでお聞きしたのです。いくつかいただいたご意見を紹介します。

・公開は、ほどほどでよくて観光地化はしなくていいけれども、きっちり税金を使って保存すべきではないか。

・名称問題については、仁徳天皇陵古墳という形、すなわち〇〇天皇陵古墳という形で登録をされたということは、一種のなし崩し的になっていくのではないか。併記することで、学術的には被葬者が確定されていないということは、表明できるわけなので、そういうことも射程に入れて考えてほしい。森浩一さんの問題提起から地元での呼び名などに変わってきたことは非常に大事な歴史で、そういう積み上げを現状ではどういうふうに考えていったらいいのか。

これは今尾報告で触れられている点でもありますね。

・陵墓の公開をどんどんすべきで、研究の対象とすべきである。

・墓としての側面を重視して、被葬者の尊厳と安寧のために陵墓の公開に反対だが、書陵部による保全にかかわる調査ということはありだろう。

・陵墓参考地は曖昧過ぎて止めたほうがいいのではないか。

このように、いろいろなご意見をいただいています。これらを含めて、少しこれから話をしていきたいのですが、名称について、先ほどこの討論の最初にも説明したのですが、学・協会としては、二〇一九年七月の段階で、学術的な観点にもとづく名称の併記を求めますという形をとっています。高木報告の中で少しご指摘があったと思うのですが、使い分けの問題などですね。再度展開していただいてよろしいですか。

高木　研究者自身が論文や研究では使わない名称を、「仁徳天皇陵古墳」ということで一本化してしまえば、市民の大多数は、大山古墳に仁徳天皇が埋葬されていると思うでしょう。ですからその辺のところは、やはり学問的にちゃんとしていく必要があるのではないかと思います。なぜ仁徳天皇陵古墳という名称を今、無理矢理に決めていくのかについても、やはり時代背景を考える必要があると思います。

この二一世紀に入ってから、文化財保護法の改正もそうですが、大学でさえも学問や文化財が商品化、観光化されています。経済効率優先で、稼げる文化財、稼げる学問というふうになっていると思います。そういうなかで学術的には誤った名称であっても、世界遺産にするためには強引に経済的な問題を優先する。世界遺産が大阪府にないとか、そういう言訳もあります。物語や神話が優先されて、史実が非常に曖昧にされたままの「活用」発信ということと、文化財の現場で起きていることとは表裏一体ではないかと思っています。

福島　あわせて報告のなかでは、今までの過程の一つとして、黒板勝美が研究と教育でそれぞれ振る舞いが違うという点も少しご指摘があり、非常に示唆的だったと思います。この点について他の方から少し、ご発言をいただきたいと思います。中久保さん、いかがですか。

中久保　はい。一つの意見として勉強になると思います。稼げる学問という部分については、今そうなってきていますので、問題だと思います。

名称については、地元の方が親しみを込めて「仁徳さん」といった呼び方もあって、他にもいくつかの呼び方があります。これも今後変わっていくべきなのかもしれませんが、今回の世界遺産の名称についても強制されるようなものであってはならないということです。研究者の側としては、この古墳の名称は、学術的にはこういうふうに呼んでいますということを、より大きな声で言う必要を強く感じているところです。私自身は、「言葉は社会の鏡」であると思っていますので、学術的な名称が世の中の人に認められて、「世界遺産の構成名称はこうだけれども、学術的な名称を学んだほうがいい」とか、博物館や各地のさまざまな歴史を学ぶ媒体で、「研究者が使っている呼び方がよい」ということで採用されていくという流れが一番よいのではないかと思います。

今尾　高木さんと同じような感じで現在の状況を捉えています。名教的史跡は、高木さんの名付けだと思いますけれども、黒板が国民道徳を喚起するために、たとえば大阪府島本町の桜井駅を、本人は史実ではないとわかりながら史跡にしています。なお、現在の国史跡名称は「桜井駅跡（楠木正成伝説地）」です。これは国家の要請のなかでの黒板の立ち位置に問題があるという指摘とともに、名教的史跡には史実的な意味はないけれども、かつてこういう形で国家に利用された「史蹟」があったことを、学術の側から主張していくことが必要と、高木さんは言っておられる。関連して、戦後、明治天皇聖蹟は指定解除されましたね。解除されましたが、かつてこういう史蹟があったことを忘れてはならない。一方では現在進行中、ないしは復権中の名教的史跡が現存することにも、注意を払うべきです。今回の世界文化遺産「百舌鳥・古市古墳群」の名称問題の前提に、こういっ

図7　史跡桜井駅跡（今尾文昭撮影）

たことを考えます。

二〇〇九年に開催の三〇周年記念シンポジウムに際して、文化財のカテゴリーにカギカッコ付きで「陵墓」を新たに加えて、それでもって陵墓の保存や陵墓の歴史性をしっかりと文教行政として説く。「陵墓」を一般市民に説明する必要があると主張したことがあります。文化財保護法の文化財を構成する項目に、たとえば棚田風景といった歴史的景観が盛り込まれた時期でした。それならば、具体的には現陵墓の宮内庁管理地周辺のたとえば外濠や外堤、陪塚をも含んだ一体的な文化財保護という観点から「陵墓」も入れられないかなという提案です。

名教的史跡を説く内容は問われます。歴史修正主義に陥る危険性もあります。だからと言って、「もうそんなものは嘘っぱちだからこの世から消えてくれ」とは、高木さんも言っておられないと思うのですが、その辺についてお願いします。

高木　実は、同じような趣旨を二〇一九年一一月に、文化庁の記念物課の課長も参加した遺跡学会の史跡名勝天然紀念物保存法一〇〇周年の大会でも発言しました（高木博志「史蹟名勝天然紀念物保存法の時代―政治と文化財」『遺跡学研究』一七号、二〇二〇年）。たとえば、史

図8　楠公父子訣別之所 碑（題字は乃木希典）（今尾文昭撮影）

実ではないけれども東京都だと旧跡があります。赤穂浪士の墓、平将門の首塚やお岩さんの稲荷神社などです。大阪府で似ているのは、楠公の桜井駅の南朝史跡ですね。実は文化財のなかで、そういう物語や伝説地をどういうふうに扱うかというカテゴリーがないのです。

私は、たとえば桜井の別れというのは、黒板勝美が言うように幕末の水戸学以来の国民を「感奮《かんぷん》」させたということは疑問だけれども、ある意味で一つの近代化遺産だと思います。ですから南朝史跡は一四世紀の史跡ではなくて、幕末以降の史跡だと思うのです。平将門の首塚も、江戸時代後期や、明治維新後の神田祭の再興のなかで出てくるものなので、平安時代のものではないカテゴリーとして、ちゃんと捉えることです。ところが今の島本町の桜井駅の史跡では、そこがわからない。それが、やはり問題だと感じています。文化財保護のなかで、そういう物語や神話というものの保護が必ずしも悪いとは思いません。これは増渕徹さんの指摘ですが、『源氏物語』の夕顔の塚が江戸時代後期に、これも偽物ですけれども、『都名所図会』(一七八〇年)に出てくるわけです。人びとがそこを訪ね夕顔を偲ぶことは、それはそれで江戸時代後期以降の一つの史実だと思います。そういうことです。

福島 ありがとうございます。先ほどの楠公遺跡の話は、近くの大学が学術研究とは別の観点で関わってきているので、どうしようかなと思って見守っているところで、本当に今のような話だと思います。

さて、中久保さんのお話に戻って、学術研究の世界でも、名称というのはやはりいろいろ課題があって、二〇一六年八月に神戸で開催したシンポジウムで、山田邦和さんが指摘し、また新納さんも指摘していたと思うのですが、学界のなかでも名称については、議論ができているような、できてないようなところもあるような気がします。たとえば、大山古墳も、大山にするのか大仙にするのか、実は今回の資料でも混在していますが、そのままにしてあります。そういうことも含めて、新納さんからお話をうかがいたいのですが。

新納　今回、資料には私は大山と書いているのですが、実は私は大仙のほうがいいのではないかと思いながら、ちょっと忖度をして大山古墳にしました。

私が何を考えているかというと、次の世代、百年後の世代、千年後の世代の人たちにこうした古墳に親しんで、名前をよく覚えてもらいたいということを最優先にしています。ですからあまり歴史性にこだわりすぎず、歴史性を踏みにじらないのはもちろんですが、できるだけ短くて皆が覚えやすい名称になればいいなと思っています。大山でもいいのですが、どちらでも大差がないのなら、「おおやま」という誤読を避けたいのです。ただ、これは学界のなかでは、きわめて少数意見だと思います。基本的には、江戸時代にもっとも古くから使われていた名称は何かということを重視している方が多いのではないかという気がします。しかし、それはやはり研究者のなかの論理ではないかなと思うのですが、これ以上言うと叱られますので止めておきます（笑）。

福島　他の方で、ここはご意見あってしかるべきかもしれません。今尾さん、いかがですか。

今尾　大山なのか大仙なのか。それこそ、古い史料はどれか。呼称に何か意味があるのか。よくわからない。大山古墳の名を提案したのは森浩一で、一九七〇年代なかばの仕事です。古い史料として、森が使ったのは、松下見林の『前王廟陵記《ぜんのうびょうりょうき》』です。『前王廟陵記』は原本が不明で、増補版が流布しています。ところが、増補版は別人による刊本です。書誌学的に厳密なものとは言えないかもしれないが、明確に増補された部分を除くと大山陵が出てくる。その大山陵という呼称を、森は採るのです。かつ重要な点は、「陵」を入れるか入れないかという問題です。森は古代陵墓制が成立する以前の古墳時代の王墓を「陵」と呼ぶことは不適正だと考えました。そこで、次に大山陵から「陵」を取って大山古墳という名称を提唱したのです。ですから大山という呼び名には、単に古い文献によった地元での呼び方というだけではなく、ひとつの意思が働いているということです。『前王廟陵記』は、しょせん江戸時代中頃の文献で、今残っている史料の、しかも後世の増補版によっているだけのことですから、違う史料もあるでしょう。時代的に古い史料だから適正だという話でもありませんし、また地誌類や紀行文や行政文書の中では大仙陵と記すことが多いわけですが、史料の数量の問題でもない。要は古墳の名称に、あらかじめ被葬者を特定した呼称が適正かということです。

学界のなかでも、統一がとれていないところは確かにあります。さらにポイントは江戸時代を通じて、たとえば、仁徳天皇陵として現在の大山古墳を国家祭祀していた事実はないということです。山陵を探す考定作業のなかで大山陵、大仙陵と呼ばれている古墳が仁徳天皇陵だという国学者の解釈はあるのですが、山陵としての祭祀が一貫してつづいていたことはなかった。在地社会にあっても、仁徳天皇陵としての祭祀はあったでしょうか。誉田御廟山古墳（現、応神天皇陵）とは前近代までの事情が異なります。そういう意味でも、大山陵から陵をはずして大山古墳という呼称が適当だと私は考えます。一方、白石太一郎先生は大仙陵古墳と呼ばれています。こういう学史的な背景があります。

福島　ありがとうございます。この名称の話は、宮川さんの提起も含めて、またやりたいと思います。残りの時間で、陵墓の公開についての話をしたいと思います。

「陵墓」の公開と現状、そして未来

福島　陵墓の公開については、学・協会の要望書ではある程度ふわっとした形で書いています。特に保存と公開がどうあるべきかというところを、まずそれぞれお話しください。祈りの場の話も、もし必要があれば触れていただくとして、二周目に反論などしていただきたいと思います。

まず、今尾さんから保存と活用というか公開についてどういうふうにお考えか、昔、「里山論」のような話もされていた時期があったと思いますが、お願いします。

今尾　その理想的なあり方のようなことでしょうか。

福島　理想であっても現実の話でも、どちらからでも結構です。

今尾　理想から言えば、陵墓五〇周年シンポジウムは、もうやる必要がなければいいですね。二〇二九年、そのときには陵墓が公開されていて、回顧するような形で「昔は厳しかったな」という話を皆さんとできればいいという、それが理想です。

それで、今回の話に引きつけると、陵墓公開をこれまでの運動の延長のまま行政―宮内庁に求めるだけでは、壁に当たると思います。保存や整備、公開の領域とは違う芽を探るということです。とりわけ、陵墓祭祀は宮中祭祀と一体だということを確認するなかで、天皇や皇室は現実にどのようなかかわりをしているのだろうか。それを市民が知るなかで、「陵墓」に備わる文化財としての性格を芽吹かす拠り所が得られないか。これが先ほどの私の話です（二五ページ参照）。

天皇・皇后はじめ皇室の方が今、即位や婚礼や慶弔など重要な出来事があるときに、陵所に報告するために行幸啓するのは、伊勢神宮と神武天皇陵、孝明天皇、明治天皇、大正天皇、昭和天皇の各天皇陵と香淳《こうじゅん》皇后陵です。これらの山陵への行幸啓は報道を通じて、大衆に向けて可視化されてきました。しかし、対象となるこれらの山陵もそのうち変わります。具体的には京都にある山陵が順次、はずれます。前近代の終焉に位置する孝明天皇陵、近代の開明の象徴となる明治天皇陵がやがてはずれます。皇室が直接、先皇として「祈る」陵墓が変わる。京都の山陵への天皇の「祈り」がみえなくなる近未来が予測できます。江戸から明治、近代日本の誕生を表徴する山陵の欠落は、多くの国民が抱いてきた悠久の歴史の連続を意識することと、表裏の関係にある天皇に対する万世一系観念に変化が起きる。

もちろん、百年毎の式年祭や祥月命日に陵墓監区でおこなわれる正辰祭《しょうしんさい》は、宮内庁の行政行為として各陵墓で継続するわけです。が、日常的に管理されてはいても祭祀の面では、一年のうちでほとんどが空いている。このような事実を多くの国民が理解することで、「陵墓」のこれからのあり方を考える芽が生まれると考えます。その判断素材を提供するのが私たちです。

次に「陵墓」の学術研究面ですが、ここでも真実の部分を知ってもらうことで、新しい芽が出ると思います。これまでもやってきたことですが、このような集まりをこれからも積み重ねる。そこで、私たちは学術上の事実関係を積み重ねて発表していく。

たとえば、新納先生の三次元の図面を見ても、選地のうえから明らかなこととして、百舌鳥古墳群では百舌鳥陵山古墳（現、履中天皇陵）が最初につくられる。現在の皇統譜の仁徳、履中、反正という歴代順でいけば仁徳、履中の陵墓は逆転する。百舌鳥の台地に三つ並ぶ古墳では一番南の古墳が、最初につくられた。これは墳丘や周濠の形態、埴輪から見ても動かない。ですから、現在の治定には間違いがある、というような指摘です。

福島　では、滝沢さん。

滝沢　ちょっと違った観点かもしれませんが、私は今回、個人の研究者の立場でも参加していますが、日本考古学協会の陵墓担当理事として「百舌鳥・古市古墳群の世界文化遺産登録決定に関する見解」の全体的な調整をさせていただいた立場でもあります。そうした立場から申し上げますと、とくに陵墓の保存に関して、先に発表した見解（一九九ページ、資料4）の中で「構成資産の十分な保存・管理を図り、地域や社会への公開を原則とした活用を求めます」と言っているのは、まったくそのとおりだと思っています。

「百舌鳥・古市古墳群」の世界文化遺産登録決定を受けて、七月に大阪府庁で記者会見をおこなって、一四学・協会の連名で「見解」を発表しました。それをいくつかの報道機関がとりあげ、ネット上にもニュースが流れたわけです。そうしたところ、あまり気にする必要はないのかもしれませんが、ネット上にはさまざまな意見が寄せられて、誹謗中傷のようなものも見受けられたわけです。それらを見ていますと、「公開せよ、公開せよと言っているのは、学者のエゴだ」というような意見が散見されます。要するに自分たちが発掘したいから、そういうことをずっと言いつづけているのだろうというような誤解が生じているようなのです。この点については、我々のほうで、そうではないということをきちんと発信していく必要があると思います。

一方、この問題に多少ともかかわらせていただいたなかで、気になる点がもうひとつあります。皆さんの身近にもそういうことがあろうかと思いますが、昨今の地球規模の環境変動によるものでしょうか、日本では台風や大雨が相次ぎ、どうも陵墓の中でもいろいろな変化が生じているようなのです。そうであるならば、今後の保存につなげていくためにも、宮内庁だけに任せておくのではなくて、そういうところを見せていただいてきちんと状況を把握し、さまざまな知見を集めて、ここはこういうふうに保護すべきではないか、保存すべきではないかということを、学界の側でも提案していく必要があるのだろうと感じているところです。

福島 ありがとうございます。中久保さん、どうぞ。

中久保 滝沢さんの話にも関連するのですが、「水」の問題と「木」の問題があります。周濠の水による墳丘裾の浸食、墳丘上に繁茂した樹木とその倒木などによる損壊といった陵墓の維持管理の問題です。これらが墳丘の保全に悪影響を与えているところがなくはないということです。今の時点の墳丘を守るだけでも相当な費用もかかりますし、さまざまな研究分野の協力も必要になってくると思います。ただ、それを、二〇一三年に要望したように国をあげて、宮内庁だけではなく、都道府県や市町村、そして文化庁が協力しながら、そこに研究の知見が必要であるならば、大学も協力していければ、「水」と「木」の問題もうまく解決できるのではないかと考えています。

福島 ありがとうございます。では、新納さん。

新納 陵墓の保護・保存については、私の心の中は二つに割れているというのが正直なところです。先ほどの発表で見ていただきましたように、上石津ミサンザイ古墳（百舌鳥陵山古墳。現、履中陵古墳）の墳丘の美しさ（一二九ページ図6・7）を次の世代、百年後の世代、千年後の世代に伝えていかなければいけないという強い思いが一方にあります。こんな言い方をしてはどうかと思いますが、今の文化財保護行政のもとで、あれだけ墳丘を守れている例が、はたしてどのくらいあるのだろうかということも気になるところです。他方で、あくまで陵墓ですから、それは天皇制の問題と不可分になってくるわけで、私の心の中ではなかなかうまく整合しないところがあります。しかし、公開するということであるならば、桂離宮などのような形で、慎重な検討のもとに公開の方向を探っていくという道筋が必要なのではないかと思います。

福島　最後に高木さんから。

高木　ちょっと違う歴史学のほうから公開の問題で言いますと、二一世紀になってから、宮内庁の文書の公開がものすごく進みました。私が今回紹介した宮内省の和田軍一という陵墓の考証担当が、本当は今城塚が継体大王の墓だと言っているのは公開文書による論証ですし、長慶《ちょうけい》天皇陵がほとんど根拠もないのに一九四四年（昭和一九）に決められたのも、公開文書による論証です。一九

図9　上石津ミサンザイ古墳（百舌鳥陵山古墳）（今尾文昭撮影）

四五年の敗戦の後に、「史実と神話」の分離ということが戦後の社会科教育や歴史学の基本でしたので、そういうことを明らかにしていくことが、今も歴史学においては、基本的に重要なことだと思っています。

それから、ここ一〇年、二〇年ぐらいの考古学の学界は、なにか非常に危険だというふうに私は思っています。我々は先学の努力で四〇年公開運動をして、やっと古墳の裾に入れるわけです。しかし、宮内庁の陵墓管理委員会というものがあって、二〇〇八年に委員の一人である河上邦彦さんが、誉田御廟山古墳の前方部頂上に方形土壇を見たと言っているのです（『日本経済新聞』二〇一一年二月一九日）。これは保全や管理の目的で、墳丘の頂上に登ったのではないか。実際に墳頂で見ないとちょっと観察できないことを発言しているわけです。今回の参加者は日本の優れた古墳研究者ですが、こんなに地道に公開運動をしなくても、偉くなって宮内庁の陵墓管理委員会に入ったら墳丘に上がれるわけです。

そういうことではなくて、やはり学界全体や市民にとって、陵墓の公開をしていくことは大切なことです。最近の考古学はひどすぎると思っています。

福島　文献もやはり……

高木　文献も同様で、私の報告で紹介した世界遺産部会長も日本の優れた古代史研究者です。やはり、「史実と神話」の曖昧化の課題は指摘しないとだめかなと思いました。

福島　すみません。ご協力いただいて。

あと二、三の御発言はいかがですか。これまでの流れが「何じゃこりゃ」というのでも結構ですし、もう少し段階を踏んだ議論もできるだろうということでも結構です。滝沢さんの学者のエゴではないという話と高木さんの話は、直接接続すると思うのですが、そのあたりの展開を含めていかがでしょうか。

今尾　考古学の世界は、高木さんたちの近代史の方から見ていると、ちょっと特異な世界かもしれません。今どき上下関係が厳しいことはないかもしれませんが、時に徒弟関係が可視的ではあります。先ほどの高木さんの発言にある「地道な公開運動」という部分に反応しております。考古学の大半の従事者は行政にいる人たちで、公務員の組織論理に縛られています。研究者としての立場で、みずから行政の現状を発信して課題化するのはハードルが高い。覚悟と仲間がいる。ましてや、よその行政体を評価することは避ける。それでも、あえて百舌鳥古墳群にかかわり発言します。

たとえば百舌鳥《もず》耳原《みみはら》北陵《きたのみささぎ》の反正天皇陵に治定される田出井山《たでいやま》古墳、百舌鳥耳原南陵の履中天皇陵に治定される百舌鳥陵山古墳は、二重周濠が備わる前方後円墳です。ここに参加の皆さんならば、現地に行かれたら微妙な地形変化に気づくかもしれない。ちゃんと説明看板も立っていますが、考古学の予備知識のない一般市民の方は二重目の周濠の存在については、わからないだろうと思います。折角、見学に行っても本当の大きさを知らないまま、帰宅するのでは〝もったいない〟、これも広い意味での「公開」です。

つまり、世界文化遺産の構成資産としての範囲は、宮内庁の陵墓として定められた範囲に限られていて、その外側は、もう今更どうしようもないということではないのです。現状をこれからどういう形で転換するかという課題の話です。田出井山古墳や百舌鳥陵山古墳の二重目の周濠は、堺市の市街化が進み、住宅が建つ状態にあります。現状を少しずつでも元の状態に戻して、一部ではなされていますが、誰もがわかるように二重周濠の形状を地上表示していく。条件が整えば復元する。訪れる人に、本当の古墳の大きさや形を知ってもらいたい。

もっと言いにくいことです。大山古墳の拝所の前に道路があります。博物館に行くには横断歩道を渡ります。おそらく主軸線から西側で発掘調査をすれば、大仙公園内にある陪塚との間に、大山古墳にかかわる遺構が出てくると思います。車道を供用停止するわけにはいきませんが、宮内庁もカバーできない箇所です。地方自治体や文化庁を含めて、古墳本来の形状を対象とした保存を考えていかなければならない。

奈良県橿原市に五条野丸山古墳という墳長三二〇メートル、さらに大きくなるかもしれない前方後円墳があります。おそろしく長い時間をかけて橿原市が買収しています。幅のある周濠に家が建っていますが、住人が出ていく機会に買収に入るという形でつづいています。威勢のよいスローガンや心地のよいキャッチーなコピーも、時には必要かもしれませんが、実際の文化財行政は長い時間をかけて、徐々に理想的な形を整えていくということです。

福島　最後に、高木さんから少し出た文書の公開という話がありました。新納さんが少し例に出された桂離宮の話もあり、宮内庁は宮内庁で開いていく姿勢はあるのです。内閣の方針もあって、三の丸尚蔵館も新しく大きな展示施設になりました。昭和天皇の手許品が国に寄贈されてかなりの程度見られるようになってきました。宮内庁は宮内庁で、実はいろいろ仕掛けてるところがあるのです。そういうなかで、陵墓の情報も実は公開されるようになってきて、我々は、そういうのをかなり使えるようになってきているのは確かです。

一方、ネットの批判をいちいち気にする必要はまったくないとは思いますが、かと言って学者のエゴでないかと思われることを減らすために、やはり我々が学会として努力していかなければと思います。たとえば、文化財の守り方ということで、新納さんがおっしゃったように、あれほどきれいに守られている古墳があるのかという提起はとても大事でしょうし、今尾さんの話で、古墳として全体を考えねばならないということもそうです。象徴的に中久保さんは水と木とおっしゃいました。古墳全体の被害が今の気候変動のなかで起こっているという滝沢さんの指摘もありました。

要するに、これらを解決するためには、いろいろな分野が結集する必要があるし、それがいわゆる宮内庁管理地である陵墓だけではなく、周辺も全部含めてのこととしていかなければならないという話がくり返し出てきました。そういう全体的な戦略を学会としても考えていかねばならないと思いました。

本日の議論はここまでということで。また次の機会を考えたいと思います。本当にありがとうございました。

Ⅲ 資料

【資料1】関係学・協会による宮内庁への「陵墓古墳の保護対策強化についての要望書」

二〇一三年一〇月一日

宮内庁長官

風岡典之様

陵墓関係　一五学・協会

幹事団体　日本考古学協会

大阪歴史学会　京都民科歴史部会　考古学研究会

古代学協会　古代学研究会　史学会

地方史研究協議会　奈良歴史研究会　日本史研究会

日本歴史学協会　文化財保存全国協議会

歴史科学協議会　歴史学研究会　歴史教育者協議会

陵墓古墳の保護対策強化についての要望書

私たちは、貴庁のご理解をいただき、一九七九年以来、陵墓古墳（参考地含む）の保全整備工事にともなう事前調査を見学し、また二〇〇八年からはこれとは別に陵墓地の立入り観察を行ってまいりました。近年の見学を通して、陵墓古墳の予想以上の損壊状況を目の当たりにし、改めて陵墓古墳保全の難しさを実感しております。

貴庁において計画的・継続的な保全整備工事が実施されておりますが、少なからぬ陵墓古墳において周濠の滞水や巨木の繁茂による損壊が進んでおります。また現状において、同じ古墳にもかかわらず、宮内庁管理地とその外側に区分されているものが多く、周濠・周堤が破壊されたり、宅地化が進む状況も続いています。このまま事態が悪化すれば、貴重な陵墓古墳を良好な姿で維持し未来へ継承していくことが危ぶまれます。

こうした現状は、陵墓を管理する貴庁にとっても、陵墓古墳を文化財保護法の理念をふまえて国民共有の歴史遺産として未来に伝えていくことを願う私たちにとっても、きわめて憂慮すべき事態ではないでしょうか。こうした状況に対処するためには、土地所有や管理区域の枠を越えて陵墓古墳全体の保護を図るべきであり、文化庁や地元自治体とも連携しながら、国をあげてこの問題に対応する合意形成と体制づくりが不可欠と考えます。私たちも学術面からの支援や協力をいたします。

いま百舌鳥・古市古墳群では、世界遺産推薦にむけての準備が進められ、地元自治体が遺跡の範囲確認調査を継続し、関係機関により保存管理計画策定の協議が行われています。世界遺産の準備が進むこの機運において、貴庁におかれましては、省庁の垣根を越えて、陵墓古墳の保護により一層取り組んでいただくことを強く願うものであります。

以上の認識をふまえて、次の二点を要望いたします。

一、文化庁・地元自治体と密接に連携し、史跡指定等の適切な方法を駆使して、陵墓古墳の一体的かつ実効ある保護策を、国をあげて早急に講じられること。

二、陵墓古墳の保護に対する国民の理解と支援を得るためにも、陵墓古墳の一層の公開を進められること。

【資料2】関係学・協会による文化庁への「陵墓古墳の保護対策強化についての要望書」

二〇一三年一〇月一日

文化庁長官

青柳正規様

陵墓関係一五学・協会

幹事団体　日本考古学協会

大阪歴史学会　京都民科歴史部会　考古学研究会

古代学協会　古代学研究会　史学会

地方史研究協議会　奈良歴史研究会　日本史研究会

日本歴史学協会　文化財保存全国協議会

歴史科学協議会　歴史学研究会　歴史教育者協議会

陵墓古墳の保護対策強化についての要望書

私たちは、宮内庁のご理解をいただき、一九七九年以来、陵墓古墳（参考地含む）の保全整備工事にともなう事前調査を見学し、また二〇〇八年からはこれとは別に陵墓地の立入り観察を行ってまいりました。近年の見学を通して、陵墓古墳の予想以上の損壊状況を目の当たりにし、改めて陵墓古墳保全の難しさを実感しております。

宮内庁において計画的・継続的な保全整備工事が実施されておりますが、少なからぬ陵墓古墳において周濠の滞水や巨木の繁茂による損壊が進んでおります。また現状において、同じ古墳にもかかわらず、宮内庁管理地とその外側に区分されているものが多く、周濠・周堤が破壊されたり、宅地化が進む状況も続いています。このまま事態が悪化すれば、貴重な陵墓古墳を良好な姿で維持し未来へ継承していくことが危ぶまれます。

こうした現状は、国民共有の文化財の保護にあたる貴庁にとっても、陵墓を管理する宮内庁にとっても、陵墓古墳を文化財保護法の理念をふまえて国民共有の歴史遺産として未来に伝えていくことを願う私たちにとっても、きわめて憂慮すべき事態ではないでしょうか。こうした状況に対処するためには、土地所有や管理区域の枠を越えて陵墓古墳全体の保護を図るべきであり、宮内庁や地元自治体と一層の連携を進め、国をあげてこの問題に対応する合意形成と体制づくりが不可欠と考えます。私たちも学術面からの支援や協力をいたします。

いま百舌鳥・古市古墳群では、世界遺産推薦にむけての準備が進められ、地元自治体が遺跡の範囲確認調査を継続し、関係機関により保存管理計画策定の協議が行われています。世界遺産の準備が進むこの機運において、貴庁におかれましては、省庁の垣根を越えて、陵墓古墳の保護に積極的に取り組んでいただくことを強く願うものであります。

以上の認識をふまえて、次の二点を要望いたします。

一、宮内庁・地元自治体と密接に連携し、史跡指定等の適切な方法を駆使して、陵墓古墳の一体的かつ実効ある保護策を、国をあげて早急に講じられること。
二、陵墓古墳の保護に対する国民の理解と支援を得るためにも、陵墓古墳にかかわる関係機関の調査や公開・活用に対する支援を進められること。

【資料3】百舌鳥・古市古墳群の世界文化遺産推薦に関する見解

百舌鳥・古市古墳群の世界文化遺産推薦に関する見解

大阪歴史学会　京都民科歴史部会　古代学研究会
史学会　地方史研究協議会　奈良歴史研究会
日本考古学協会　日本史研究会　日本歴史学協会
文化財保存全国協議会　歴史科学協議会
歴史学研究会　歴史教育者協議会

二〇一八年九月二八日

私たちは、宮内庁が所管する陵墓のうち、とくに三世紀から七世紀に築かれた古墳について、近代以降、皇室の墳墓として管理や祭祀が行われている一方、国民共有の重要な歴史文化遺産であることから、その保存と公開を求め活動を行ってきました。一九七〇年代以来の四〇年以上にわたる活動を通じて、宮内庁が実施する整備工事や事前調査の公開が定着することとなりました。また、宮内庁との意見交換を重ね、社会への学術的知見の還元、関係機関への要望などを行ってきました。

このたび二〇一八年一月三一日に、日本政府は、五世紀代の百舌鳥・古市古墳群を世界文化遺産に推薦しました。今後、専門家団体であるICOMOSの審査が予定され、二〇一八年九月には現地調査が行われるとのことです。百舌鳥・古市古墳群は世界文化遺産にふさわしいものであり、世界的に認知されることは、私たちが求めてきた保存や公開の進展にもつながるものと考えられ、登録に期待を寄せています。また、推薦に尽力された関係機関・関係者に敬意を表したいと思います。その上で、私たちは、下記の二点について課題や問題があると考えます。

まず、陵墓の保存や公開についての課題です。百舌鳥・古市古墳群の主要な構成資産の多くが宮内庁の管理する陵墓であり、基本的に非公開となっています。また、これら陵墓のほとんどは全域を一元的に保存する形になっておらず、宮内庁管理地とその外側に区分されています。私たちは二〇一三年に、宮内庁と文化庁に対し、地元自治体との連携を進め、一体的な保護対策や公開の推進を要望しました。とくに公開性については、陵墓であることとのバランスに配慮しながら、より公開度の高い構成資産となるよう、関係機関における継続的な努力を望みます。

次に構成資産の名称の問題です。例えば、百舌鳥古墳群にある日本で最も大きい前方後円墳について、宮内庁は「仁徳天皇 百舌鳥耳原中陵」としており、世界文化遺産推薦に際しての構成資産名は「仁徳天皇陵古墳」が採用されています。しかし、仁徳天皇とされる倭国王の墳墓とみることへの疑問は早くから指摘されています。学術的に被葬者が確定していないなかで、名称に特定の被葬者名を付すことは誤った理解を導く可能性があるため、学術用語として「大山（もしくは大仙・大仙陵）古墳」が提言され、いまでは教科書等においても「大山古墳」や「大仙古墳」などと「仁徳天皇陵古墳」などを併記することが定着しています。「仁徳天皇陵古墳」という構成資産名は、便宜的なものとされていますが、やはり被葬者が認定されているように理解される危惧を覚えます。

以上、百舌鳥・古市古墳群の世界文化遺産登録への期待を表明するとともに、「人類全体のための世界の遺産」にふさわしいものとするための見解を表明します。

記

一、構成資産の十分な保存・管理を図り、公開を原則とした活用がなされること。
二、構成資産名については、学術的な観点にもとづくものとすること。

【資料4】百舌鳥・古市古墳群の世界文化遺産登録決定に関する見解

百舌鳥・古市古墳群の世界文化遺産登録決定に関する見解

二〇一九年七月二三日

大阪歴史学会　京都民科歴史部会　考古学研究会
古代学研究会　史学会　地方史研究協議会
奈良歴史研究会　日本考古学協会　日本史研究会
日本歴史学協会　文化財保存全国協議会
歴史科学協議会　歴史学研究会　歴史教育者協議会

私たちは、宮内庁が所管する陵墓について、国民及び人類の重要な歴史文化遺産であるとの認識のもと、その保存と公開を求める活動を行ってきました。一九七〇年代以来の四〇年以上にわたる活動を通じて、宮内庁が実施する整備工事や事前調査の公開が定着することとなりました。また、宮内庁との意見交換を重ね、社会への学術的知見の還元、関係機関への要望などを行ってきました。二〇一八年九月には、関係一三学協会の連名で「百舌鳥・古市古墳群の世界文化遺産推薦に関する見解」を発表したところです。

二〇一九年七月六日、ユネスコ世界遺産委員会において、日本政府が推薦する「百舌鳥・古市古墳群」の世界文化遺産登録が決定されました。百舌鳥・古市古墳群は世界文化遺産にふさわしいものであり、世界的に認知されることは、私たちが求めてきた保存や公開の進展にもつながるものと考え、登録を歓迎します。その上で、なお私たちは、二〇一八年九月発表の見解と同じく二点の課題や問題があると考えます。

第一に、陵墓の保存や公開についての課題です。百舌鳥・古市古墳群の主要な構成資産は宮内庁所管の陵墓であり、原則として非公開です。また、これら陵墓となる古墳の多くで全域を統一的に保存するシステムは構築されていません。現実は、宮内庁管理地とその外側にある民有地や国史跡などに分離しています。私たちは二〇一三年に、宮内庁と文化庁に対して地元自治体との連携を進め、一体的な保護対策や公開の推進を要望しました。とくに、陵墓とのバランスに配慮しながらも、より公開性の高い構成資産となるように、関係機関における継続的な努力を望みます。登録後に一層の注目を浴びる中で、古墳群をどのように保存し、また地域や社会に公開していくか、私たちも諸方面で協力したいと思います。

第二に、構成資産の名称問題です。例えば、百舌鳥古墳群にある最大の前方後円墳について、宮内庁は陵名を「仁徳天皇 百舌鳥耳原中陵」としており、世界文化遺産登録に際しての構成資産名は「仁徳天皇陵古墳」となっています。しかし、「仁徳天皇」とされる倭国王の墳墓とみることへの疑問は早くから指摘されています。学術的に被葬者が確定していないなかで、名称に特定の被葬者名を付すことは誤った理解を導く可能性があるため、学術用語として「大山（もしくは大仙・大仙陵）古墳」が提言され、いまでは教科書等においても「大山古墳」や「大仙古墳」などと併記することが定着しています。それに反して、構成資産名を「仁徳天皇陵古墳」のみとすることは、被葬者が学術的に認定されたかのような先入観を世界の人びとに与えることになるでしょう。こうした一方的な情報が提供されることへの危惧があります。とくに教育・文化関連施設での表記や出版物等では、学術的な観点にもとづく名称との併記が必要であると考えます。現時点の構成資産名称に対して、ここに強く懸念を表明します。

以上、百舌鳥・古市古墳群の世界文化遺産登録を歓迎するとともに、「人類全体のための世界の遺産」にふさわしいものとするための見解をあらためて下記に示し、今後の動向について注視してまいります。

記

一、構成資産の十分な保存・管理を図り、地域や社会への公開を原則とした活用を求めます。

二、構成資産については、すくなくとも学術的な観点にもとづく名称の併記を求めます。

The main heritage site of the "Mozu-Furuichi" ancient tumulus cluster consists of imperial tombs that fall under the purview of the Imperial Household Agency. As a general rule, these tombs are not open to the public. In addition, the tombs are not preserved uniformly; rather, some fall within the purview of the Agency while some fall outside it. In 2013, we proposed that the Imperial Household Agency and Agency for Cultural Affairs work together with local government to develop uniform conservation measures and make progress with opening the tombs to the public. We can only hope that the relevant organisations will continue their efforts to make this heritage site more accessible to the public, while bearing in mind that the site comprises imperial tombs.

The second issue is that of nomenclature. We may take as an example the largest keyhole-shaped tomb in Japan, which is situated within the Mozu cluster. The Imperial Household Agency uses the name "Nintoku tennō Mozu no mimihara no naka no misasagi," while the name for the same site used in the nomination for World Heritage status is "Nintoku tennōryō kofun." However, it has long been doubted whether this truly was the final resting place for the great king known to history as Emperor Nintoku. Since the emperor's name is yet to be established definitively by academics, the application of the specific name to the tomb may lead to misunderstanding. It has been suggested that "Daisen kofun" or "Daisen-ryō kofun" be used as the academic referent for the tomb (with "Daisen" written 大山 or 大仙). It is now common practice for textbooks to give "Daisen kofun" alongside "Nintoku tennōryō kofun." In short, while it may be convenient to use the name "Nintoku tennōryō kofun," we are concerned lest this leads people to believe that there is proof that Emperor Nintoku rests in this tomb.

Finally, we would like to express our support for the inclusion of the "Mozu-Furuichi" ancient tumulus cluster in the World Heritage list, and to articulate our view that it is a heritage site of value to all humankind.

Recommendations of the thirteen societies:
1. That the heritage site be properly conserved and maintained, and made more accessible to the public.
2. That the heritage site be named appropriately, based on academic reasoning.

【資料5】百舌鳥・古市古墳群の世界文化遺産推薦に関する見解（英文）

Regarding the Nomination of the "Mozu-Furuichi" Ancient Tumulus Cluster for Inclusion in the UNESCO World Heritage List

September 28, 2018

Statement on behalf of 13 associations with an interest in Japan's imperial tombs

The Osaka Historical Association, Kyoto Historical Science Association,
Kodaigakukenkyukai（古代学研究会）, The Historical Society of Japan,
Japanese Local History Research Association, The Nara Society for Historical Studies,
The Japanese Archaeological Association, The Japanese Society for Historical Studies,
The Japanese Historical Council,
Japanese Association for Preservation of Cultural Properties,
Association of Historical Science（REKISHIKAGAKU KYOGIKAI）,
The Historical Science Society of Japan, History Educationalist Conference of Japan

Of the many imperial tombs under the purview of the Imperial Household Agency, those constructed between the 3rd and 7th centuries are of particular interest. In the modern era, they have been maintained as the tombs of the Japanese imperial family and as sites for religious rites. Over and above that, though, they are important sites of historical and cultural heritage for all Japanese people, and we, the members of thirteen associations, have pressed for the tombs to be conserved and opened to the public in view of this fact. As a result of our combined efforts over the past forty or so years since the 1970s, the Imperial Household Agency now publishes details of maintenance work and surveys of the tombs. Our associations have also liaised with the Imperial Household Agency to provide scientific information to the public and engage relevant organisations.

On 31st January 2018, the Japanese government nominated the 5th century "Mozu-Furuichi" ancient tumulus cluster for inclusion in the UNESCO World Heritage list. The nomination is due to be reviewed by the specialist body, the International Council on Monuments and Sites（ICOMOS）, and an on-site survey is scheduled for September this year. We certainly believe the "Mozu-Furuichi" ancient tumulus cluster merits World Heritage Site status, and we have high hopes for the new designation since global recognition would provide further impetus for conserving and opening the tombs to the public. We would, therefore, like to acknowledge the great efforts made by the various bodies and individuals involved in the nomination. However, we believe there are two unresolved issues.

First is the issue of conserving the tombs and rendering them accessible to the public.

【資料6】立入り要求一覧

第一次リスト（2005年7月8日提出）

No.	古墳名	立入り観察回数・実施日		備考
1	誉田御廟山古墳（恵我藻伏岡陵、応神陵）	第4回	2011年2月24日	周堤まで
2	大山古墳（百舌鳥耳原中陵、仁徳陵）			
3	百舌鳥陵山古墳（百舌鳥耳原南陵、履中陵）			
4	箸墓古墳（大市墓、倭迹迹日百襲姫命墓）	第6回	2013年2月20日	
5	五社神古墳（狭城盾列池上陵、神功皇后陵）	第1回	2008年2月22日	
6	西殿塚古墳（衾田陵、手白香皇女墓）	第6回	2013年2月20日	
7	佐紀陵山古墳（狭木之寺間陵、日葉酢媛命陵）	第2回	2009年2月20日	
8	河内大塚山古墳（大塚陵墓参考地）	第3回	2010年2月18日	
9	山田高塚古墳（磯長山田陵、推古陵）	第5回	2012年2月23日	
10	多聞城（佐保山南陵・佐保山東陵）			
11	伏見城（伏見桃山陵・伏見桃山東陵）	第2回	2009年2月20日	

第二次リスト（2014年8月26日提出）

1	御廟野古墳（山科陵、天智陵）	第8回	2015年2月20日	
2	四条塚山古墳（桃花鳥田丘上陵、綏靖陵）	第11回	2018年2月23日	
3	白髪山古墳（河内坂門原陵、清寧陵）			
4	高屋築山古墳（古市高屋丘陵、安閑陵）	第12回	2019年2月22日	
5	行燈山古墳（山邊道勾岡上陵、崇神陵）	第10回	2017年2月24日	
6	渋谷向山古墳（山邊道上陵、景行陵）	第9回	2016年2月26日	
7	安楽寿院南陵・深草十二帝陵（深草北陵）	第13回	2020年2月21日	外構まで

第三次リスト（2018年11月29日提出）

1	仲津山古墳（仲津山陵）			
2	市野山古墳（恵我長野北陵）			
3	梅山古墳（檜隈坂合陵）			
4	太子西山古墳（河内磯長中尾陵）			
5	段ノ塚古墳（押坂内陵）			
6	後白河天皇　法住寺陵			
7	孝明天皇　後月輪東山陵			

その他

1	春日向山古墳（河内磯長原陵、用明陵）	第5回	2012年2月23日	
2	野口王墓古墳（檜隈大内陵、天武・持統合葬陵）	第7回	2014年2月21日	

【資料7-1】陵墓限定公開一覧（1979〜2006年度）

	限定公開
1979年度	第１回　10月26日　白髪山古墳（清寧陵）
1980年度	第２回　９月17日　田出井山古墳（反正陵）
1981年度	第３回　10月23日　軽里前の山古墳（白鳥陵）
1982年度	第４回　９月11日　誉田御廟山古墳（応神陵）
1983年度	第５回　９月８日　淡輪ミサンザイ古墳（宇度墓）
1984年度	第６回　９月８日　野中ボケ山古墳（仁賢陵）
1985年度	第７回　10月４日　佐紀陵山古墳（日葉酢媛陵）
1986年度	第８回　５月19日　太田茶臼山古墳（継体陵） 第９回　10月23日　河内大塚山古墳（大塚陵墓参考地）
1987年度	臨時　９月29日　春日向山古墳（用明陵）
1988年度	第10回　１月26日　鳥屋ミサンザイ古墳（宣化陵）
1989年度	臨時　11月29日　春日向山古墳（用明陵）
1990年度	臨時　８月９日　小田中親王塚古墳（大入杵命墓） 第11回　12月26日　佐紀陵山古墳（日葉酢媛陵）
1991年度	臨時　11月22日　山田高塚古墳（推古陵） 第12回　11月27日　野中ボケ山古墳（仁賢陵）
1992年度	第13回　９月14日　五条野丸山古墳（畝傍陵墓参考地） 第14回　12月３日　高屋城山古墳（安閑陵）
1993年度	第15回　12月１日　渋谷向山古墳（景行陵）
1994年度	第16回　12月２日　ヒシアゲ古墳（磐之媛陵）
1995年度	第17回　11月25日　佐紀石塚山古墳（成務陵）
1996年度	臨時　10月24日　高田築山古墳（磐園陵墓参考地） 第18回　11月22日　岡ミサンザイ古墳（仲哀陵）
1997年度	第19回　11月27日　平田梅山古墳（欽明陵）
1998年度	第20回　10月７日　宝来城跡（安康陵） **12月12日　陵墓限定公開20回記念シンポジウム**
1999年度	第21回　11月26日　高田築山古墳（磐園陵墓参考地）
2000年度	第22回　10月20日　吉田王塚古墳（玉津陵墓参考地）
2001年度	第23回　11月23日　軽里前の山古墳（白鳥陵）
2002年度	臨時　11月14日　叡福寺古墳（聖徳太子墓） 第24回　11月22日　太田茶臼山古墳（継体陵）
2003年度	第25回　12月５日　五社神古墳（神功陵）
2004年度	臨時　９月10日　田中黄金塚古墳（黄金塚陵墓参考地） 第26回　11月12日　雲部車塚古墳（雲部陵墓参考地）
2005年度	**７月８日「陵墓の立ち入りについて（要望）」第１次リストを宮内庁に提出**＊1 第27回　12月２日　北花内大塚古墳（飯豊陵）
2006年度	**１月１日「陵墓の立入りの取り扱い方針」改訂施行**

＊1　資料６を参照。　　（岸本直文作成）

		立入り観察
第１回	２月22日	五社神古墳（神功陵）
第２回	２月20日	佐紀陵山古墳（日葉酢媛陵） 伏見城跡
第３回	２月18日	河内大塚山古墳（大塚陵墓参考地）
第４回	２月24日	誉田御廟山古墳（応神陵）
第５回	２月23日	春日向山古墳（用明陵） 山田高塚古墳（推古陵）
第６回	２月20日	箸墓古墳（大市墓） 西殿塚古墳（継体妃墓）
第７回	２月21日	野口王墓古墳（天武・持統陵）
第８回	２月20日	御廟野古墳（天智陵）

2008年２月22日　五社神古墳

2012年11月30日　土師ニサンザイ古墳（今尾文昭撮影）

【資料7-2】陵墓限定公開等一覧（2007～2020年度）

<table>
<tr><th></th><th>限定公開</th><th>立会見学</th></tr>
<tr><td>2007年度</td><td></td><td>12月20日　白髪山古墳（清寧陵）</td></tr>
<tr><td rowspan="3">2008年度</td><td colspan="2">4月5日　シンポジウム《「陵墓」研究のいま－神功皇后陵から五社神古墳へ－》</td></tr>
<tr><td>第28回　11月28日　百舌鳥御廟山古墳（百舌鳥陵墓参考地）
（堺市教育委員会との同時調査）</td><td>12月10日　河内大塚山古墳（大塚陵墓参考地）
12月11日　念仏寺山古墳（開化陵）
12月18日　嵯峨東陵（長慶陵）嵯峨部事務所改築
1月9日　上石津ミサンザイ古墳（履中陵）
1月16日　河内大塚山古墳（大塚陵墓参考地）</td></tr>
<tr><td colspan="2">11月29・30日　堺市教育委員会による現地説明会</td></tr>
<tr><td rowspan="2">2009年度</td><td colspan="2">5月17日　シンポジウム《陵墓公開運動の30年－佐紀陵山古墳・伏見城の報告とともに－》
11月23日　シンポジウム《陵墓公開運動30年の総括と展望》</td></tr>
<tr><td>第29回　12月4日　コナベ古墳（コナベ陵墓参考地）</td><td>7月3日　宇治墓陪冢い号
12月18日　宇治墓
1月22日　神楽岡部事務所改築
2月11日　後鳥羽天皇火葬塚</td></tr>
<tr><td rowspan="2">2010年度</td><td>第30回　11月12日　新木山古墳（三吉陵墓参考地）
（広陵町教育委員会が同じ時期に調査実施）</td><td>1月13日　高鷲丸山古墳近傍（雄略陵）</td></tr>
<tr><td colspan="2">年度末、『御廟山古墳発掘調査報告書』〈百舌鳥古墳群の調査〉5が刊行される</td></tr>
<tr><td>2011年度</td><td>第31回　11月11日　郡山新木山古墳（郡山陵墓参考地）</td><td>12月20日　大仙古墳（仁徳陵）
1月13日　上石津ミサンザイ古墳（履中陵）
1月17日　新木山古墳（三吉陵墓参考地）
1月23日　向墓山古墳（応神陵に号陪冢）</td></tr>
<tr><td rowspan="2">2012年度</td><td>第32回　11月30日　土師ニサンザイ古墳（東百舌鳥陵墓参考地）
（堺市教育委員会との同時調査）</td><td></td></tr>
<tr><td colspan="2">12月1・2日　堺市教育委員会による現地説明会
年度末、『津堂城山古墳』〈古市古墳群の調査研究報告〉4が刊行される</td></tr>
<tr><td rowspan="2">2013年度</td><td colspan="2">百舌鳥・古市古墳群の世界遺産推薦書を提出→「明治日本の産業革命遺産」推薦決定
10月1日「陵墓古墳の保護対策強化についての要望書」を文化庁・宮内庁に提出＊2</td></tr>
<tr><td>第33回　9月18日　小白髪山古墳（清寧陵陪冢）
第34回　10月2日　深草北陵
第35回　11月22日　能褒野王塚古墳（能褒野墓）</td><td>10月10日　郡山新木山古墳（郡山陵墓参考地）</td></tr>
<tr><td rowspan="2">2014年度</td><td colspan="2">百舌鳥・古市古墳群の世界遺産推薦書を提出→「長崎の教会群とキリスト教関連遺産」推薦決定
8月26日「陵墓の立ち入りについて（お願い）」第2次リストを宮内庁に提出＊1</td></tr>
<tr><td>第36回　6月9日　佐紀陵山古墳（日葉酢媛陵）
第37回　12月5日　淡輪ニサンザイ古墳（宇度墓）</td><td>9月4日　男狭穂塚古墳（男狭穂塚陵墓参考地）</td></tr>
</table>

立入り観察		
第９回	２月26日	渋谷向山古墳（景行陵）
称一》		
第10回	２月24日	行燈山古墳（崇神陵）
第11回	２月23日	四条塚山古墳（綏靖陵）
第12回	２月22日	高屋築山古墳（安閑陵）
第13回	２月21日	安楽寿院南陵（近衛陵） 深草北陵（後深草天皇陵ほか）

（岸本直文作成）

2013年２月20日　箸墓古墳（今尾文昭撮影）

2020年２月21日　深草北陵（福島幸宏撮影）

	限定公開	立会見学
2015年度	百舌鳥・古市古墳群の世界遺産推薦書を提出→「『神宿る島』宗像・沖ノ島と関連遺産群」推薦決定	
	第38回　12月４日　渋谷向山古墳（景行陵）	１月27日　野口王墓古墳（天武・持統陵） １月29日　土師ニサンザイ古墳（東百舌鳥陵墓参考地）
	年度末、2016年度から地元教育委員会や研究者と協力して調査等を実施する宮内庁の方針が出る	
2016年度	百舌鳥・古市古墳群の世界遺産推薦書を提出→「長崎の教会群とキリスト教関連遺産」推薦決定 ８月７日　シンポジウム《「陵墓」公開をめぐる成果と未来―箸墓古墳・伏見城の立入観察と陵墓の名	
		12月６日　能褒野古墳群（能褒野墓） １月13日　北川陵墓参考地冠木門整備 １月19日　伏見城跡（桃山陵墓地） ２月２日　御廟野古墳（天智陵） ２月16日　淡輪ニサンザイ古墳（宇度墓）
2017年度	「百舌鳥・古市古墳群」の世界遺産推薦決定	
		12月７日　淡輪ニサンザイ古墳（宇度墓）
2018年度	９月28日「百舌鳥・古市古墳群の世界遺産推薦に関する見解」発表＊3 11月29日「陵墓の立ち入りについて（お願い）」第３次リストを宮内庁に提出＊1	
	第39回　11月22日　大仙古墳（仁徳陵）（堺市教育委員会との共同調査）	７月９日　木幡古墳群（宇治陵） ７月26日　佐紀陵山古墳（日葉酢姫陵） １月25日　市庭古墳（平城陵）
2019年度	７月６日　ユネスコ世界遺産委員会において「百舌鳥・古市古墳群」の登録決定 ７月23日「百舌鳥・古市古墳群の世界文化遺産決定に関する見解」発表＊4	
		１月９日　能褒野古墳群（能褒野墓） １月23日　行燈山古墳（崇神陵） ９月５日　男狭穂塚古墳（男狭穂塚陵墓参考地）
	12月22日　シンポジウム《文化財としての「陵墓」と世界遺産》	
2020年度	第40回　11月20日　ウワナベ古墳（宇和奈辺陵墓参考地）	２月６日　佐紀石塚山古墳（成務陵）

＊1　資料６を参照。
＊2　資料１・２を参照。
＊3　資料３・５を参照。
＊4　資料４を参照。

著者紹介（＊＝実行委員会メンバー）

今尾文昭（いまお　ふみあき）＊
一九五五年生まれ
関西大学文学部非常勤講師　古代学研究会
主要著書
『律令期陵墓の成立と都城』青木書店、二〇〇八
『世界遺産と天皇陵古墳を問う』（共編著）思文閣出版、二〇一七
『天皇陵古墳を歩く』朝日選書、二〇一八

岸本直文（きしもと　なおふみ）＊
一九六四年生まれ
大阪市立大学文学研究科教授　大阪歴史学会
主要著書
『倭王権と前方後円墳』塙書房、二〇二〇
『難波宮と大化改新』（編著）日本史研究叢刊三六、和泉書院、二〇二〇

高木博志（たかぎ　ひろし）＊
一九五九年生まれ
京都大学人文科学研究所教授　京都民科歴史部会

主要著書
『近代天皇制と古都』岩波書店、二〇〇六
『陵墓と文化財の近代』山川出版社、二〇一〇
『博物館と文化財の危機』（共編著）人文書院、二〇二〇

滝沢　誠（たきざわ　まこと）*
一九六二年生まれ
筑波大学人文社会系准教授　日本考古学協会ほか
主要著書
『静岡の歴史と文化の創造』（編著）知泉書館、二〇〇八
『古墳時代の軍事組織と政治構造』同成社、二〇一五
『破壊と再生の歴史・人類学』（共著）筑波大学出版会、二〇一六

中久保辰夫（なかくぼ　たつお）*
一九八三年生まれ
京都橘大学文学部歴史遺産学科准教授　考古学研究会
主要著書
『野中古墳と「倭の五王」の時代』（共編著）大阪大学出版会、二〇一四
『日本古代国家の形成過程と対外交流』大阪大学出版会、二〇一七
Nakakubo, T. (2018). Excavating the Mounded Tombs of the Kofun Period of the Japanese Archipelago: A History of Research and Methods. *Burial mounds in Europe and Japan: Comparative and Contextual Perspectives*. Archaeopress.

新納　泉（にいろ　いずみ）

一九五二年生まれ
岡山大学名誉教授　考古学研究会・日本考古学協会
主要著書
『鉄器時代のブリテン』岡山大学文学部研究叢書一七、一九九九
「天皇陵古墳の設計原理は段築のテラス幅にあった」洋泉社編集部編『古代史研究の最前線―天皇陵』洋泉社、二〇一六
「前方後円墳の設計原理と墳丘大型化のプロセス」『国立歴史民俗博物館研究報告』第二一一集、二〇一八

福島幸宏（ふくしま　ゆきひろ）*

一九七三年生まれ
慶應義塾大学文学部准教授　日本歴史学協会
主要著書
『デジタル文化資源の活用　地域の記憶とアーカイブ』（共著）勉誠出版、二〇一一
『「陵墓」を考える　陵墓公開運動の30年』（共編著）新泉社、二〇一二
『国家神道と国体論　宗教とナショナリズムの学際的研究』（共著）弘文堂、二〇一九

宮川　徏（みやかわ　すすむ）

一九三二年生まれ
奈良県立橿原考古学研究所研究顧問　文化財保存全国協議会
主要著書
「築造企画からみた前方後円墳の群的構成の検討―巨大古墳の出現とその背景―」『橿原考古学研究所論集』第六、奈良県立橿原考古学研究所、一九八四

「「天皇陵」と考古学」『岩波講座　日本考古学　七　現代と考古学』（共著）岩波書店、一九八六
『よみがえる百舌鳥古墳群　失われた古墳群の実像に迫る』新泉社、二〇一八

「陵墓」関係一六学・協会

大阪歴史学会
京都民科歴史部会
考古学研究会
古代学協会
古代学研究会
史学会
地方史研究協議会
奈良歴史研究会
日本考古学協会
日本史研究会
日本文化財科学会
日本歴史学協会
文化財保存全国協議会
歴史科学協議会
歴史学研究会
歴史教育者協議会

文化財としての
「陵墓」と世界遺産――「陵墓限定公開」40周年記念シンポジウム

2021年5月10日　第1版第1刷発行

編　者＝「陵墓限定公開」40周年記念シンポジウム実行委員会
発　行＝新 泉 社
東京都文京区湯島1－2－5　聖堂前ビル
TEL 03（5296）9620 ／ FAX 03（5296）9621
印刷・製本／太平印刷社

ISBN978−4−7877−2025−2　C1021

新泉社

「陵墓」を考える　陵墓公開運動の三〇年

「陵墓限定公開」三〇周年記念シンポジウム実行委員会 編／A5判並製／三二〇ページ／二八〇〇円＋税

天皇陵の解明　閉ざされた「陵墓」古墳

今井　堯 著／A5判上製／二二二頁／二八〇〇円＋税

よみがえる百舌鳥古墳群　失われた古墳群の実像に迫る

宮川　徏 著／A5判並製／二六〇頁／二五〇〇円＋税

シリーズ「遺跡を学ぶ」　A5判並製／九六頁

077 よみがえる大王墓　今城塚古墳

森田克行 著／一五〇〇円＋税

105 古市古墳群の解明へ　盾塚・鞍塚・珠金塚古墳

田中晋作 著／一六〇〇円＋税

147 巨大古墳の時代を解く鍵　黒姫山古墳

橋本達也 著／一六〇〇円＋税